जन-गीता

(प्रवासी हिन्दी महाकवि प्रो. हरि शङ्कर आदेश द्वारा प्रणीत श्रीमद् भगवदगीता माहात्म्य से सम्बन्धित अठारह खण्ड काव्यों का संकलन)

जन-गीता

(प्रवासी हिन्दी महाकवि प्रो. हरि शंङ्कर आदेश द्वारा प्रणीत
श्रीमद् भगवदगीता माहात्म्य से सम्बन्धित अठारह
खण्ड काव्यों का संकलन)

प्रणेता
महाकवि हरि शंङ्कर आदेश

बी.आर. पब्लिशिंग कार्पोरेशन
दिल्ली

जन-गीता

महाकवि हरि शंङ्कर आदेश

First Published: 2005

ISBN 81-7646-472-4

Rs. 200/-

Printed & Published by :
B. R. Publishing Corporation
[A Division of BRPC (India) Ltd.]
425, Nimri Colony, Ashok Vihar,
Phase-IV, Delhi-110052
E-Mail : *brpcltd@del2.vsnl.net.in*

Printed In India

समर्पण

रागमयी, वैराग्यमयी हो ।
हर स्थिति में सौभाग्यमयी हो।।
जन्म-जन्म सहचरी पुनीता !
तुम्हें समर्पित है जन-गीता।।

आदेश

अपनी जन्म-जन्मान्तर की
राग एवं वैरागमयी जीवन-सहचरी
डॉ॰ निर्मला आदेश को।

– हरि शङ्कर आदेश

इति शुभम्

प्राक्कथन

भगवद् गीता को इस रूप में प्रस्तुत करते हुए मुझे अतीव हर्ष हो रहा है। मुझे अच्छी तरह याद है कि बचपन में मैंने गीता प्रेस गोरखपुर, भारत से प्रकाशित गीता की एक छोटी सी पोथी में ये कथायें पढ़ीं थीं। तब से ही मेरे मन में यह बात समा गई थी कि इन्हें एक न एक दिन सहजगेय बनाकर प्रस्तुत करना चाहिये। ट्रिनिडाड आने पर मुझे भगवद गीता पर केवल प्रवचन ही नहीं देने पड़े अपितु आत्म-प्रेरणा एवं अन्य परिस्थितियोंवश मैंने गीता का गंभीर अध्ययन किया और उसे अपने आश्रम में दस वर्ष तक नियमित रूप से पढ़ाया भी। इसी पठन-पाठन प्रक्रिया में मैंने भगवद गीता को तीन रूपों में प्रस्तुत किया; सीधे काव्यानुवाद के रूप में, गीतों के रूप में और इन कथाओं के रूप में। इस पुस्तक में पूर्वोक्त जन कथाओं के आधार पर ही कथानकों का ताना-बाना बुना गया है। साथ ही इसकी भाषा एवं अभिव्यक्ति भी जन साधारण के समझ के स्तर को ध्यान में रखते हुए ही की गई है। इसीलिए इसका नामकरण "जन-गीता" किया गया है। वैसे उसके दो अन्य नाम भी सोचे गये थे : आवागमन अथवा शब्दावतार भगवद् गीता। यद्यपि इसमें सर्वत्र कर्मों के आधार पर आवागमन की चर्चा ही की गई है और पुस्तक के आरंभ में ही भगवान विष्णु ने इसे शब्दावतार तथा ज्ञानावतार की संज्ञा दी है। किन्तु गीता के इतने गूढ़ विषय को लोक कथाओं

के रूप में प्रस्तुत किये जाने के कारण इसका नाम जन-गीता ही अधिक उपयुक्त प्रतीत होता है।

श्रीमद् भगवद् गीता में अठारह अध्याय हैं। इस पुस्तक में प्रत्येक अध्याय से सम्बन्धित कथा तथा सम्बन्धित अध्याय में प्रदत्त ज्ञान को सार रूप में प्रस्तुत करने का प्रयास किया गया है। हर कथानक तथा अध्याय अपने में पूर्ण है। एतदर्थ हर अध्याय को पृथक खण्ड काव्य मानकर लिखा गया है। हर खण्ड काव्य का पृथक नामकरण किया गया है। इस प्रकार जन-गीता अठारह खण्ड काव्यों का सम्मिलित रूप है। आशा है यह प्रयास पाठकों को रुचिकर होगा। इन समस्त कथाओं को एक ही छन्द में सोद्देश्य लिखा गया है। इन कथाओं को सीधी सादी धुन में गाया भी जा सकता है। इन कथाओं को आधार मानकर भगवद गीता पर पूरे-पूरे प्रवचन दिये जा सकते हैं। संक्षेप में, ये सभी कथायें संगीतात्मक हैं; सहजगेय हैं; सरल हैं और जन सामान्य की समझ में आने वाली हैं। ऐसी जन-गीता आपके समक्ष प्रस्तुत करके मैं स्वयं को संतुष्ट और सुखी मानता हूं। इन कथाओं को यदा-कदा अत्यन्त शीघ्रता में धाराप्रवाह रूप में लिखा गया था। अतः संभव कहीं कुछ अभाव अवशिष्ट रह गये हों। तदर्थ गीताविदों से नम्र निवेदन है कि उन पर ध्यान न दें अथवा सकारात्मक सुझाव देकर अनुग्रहीत करें। आशा है, भगवद् गीता के अनुरागी तथा अनुयायी मेरे इस प्रयास से प्रसन्न होंगे।

ह.श.आदेश

श्री आदेश आश्रम
लोअर आंरंग्वेज़ मेन रोड,
सान्वान,ट्रिनिडाड(वेस्टइंडीज़)

हरि शङ्कर आदेश
२३ नवम्बर, २००३

अनुक्रमणिका

भूमिका

श्रीमदभगवतगीता को आत्म कल्याण-आत्मोन्नति हेतु केवल हिन्दुओं या भारतीयों ने ही नहीं, बल्कि अन्य धर्मावलम्बी इतर भारतीयों ने भी अपनाया है और उसके माध्यम से जीवन में अपने सच्चे कर्त्तव्य या धर्म को समझकर उसका अनुसरण किया है। इसीलिए गीता में भगवान कृष्ण ने जो तत्वज्ञान अर्जुन को दिया है वह मत, महजब, पंथ या सम्प्रदाय-यहाँ तक कि धर्म से ऊपर है। तभी अन्ततः भगवान अपने भक्तसखा अर्जुन के समक्ष घोषणा कर देते हैं कि "सभी धर्म को छोड़कर मेरी शरण में आ जाओ। मैं तुम्हें सभी पापों से मुक्तकर मोक्ष प्रदान कर दूंगा।"

आशय स्पष्ट है कि गीता के सर्वोच्च ज्ञान को आचरण में लाने वाला सर्वोच्च नियन्ता से सीधे जुड़ जाता है जो धर्म-कर्म की अंतिम परिणति या मंजिल है। धर्मरुपी साधन का वह परम साध्य है। इसीलिए गीता ज्ञान सभी धर्मों के सच्चे अनुयापियों के लिए सहज स्वीकार्य है। वस्तुतः गीता का जो मूल संदेश है वही विश्व मानव का सच्चा धर्म है। अपने इसी अद्वितीय गुण के कारण गीता की लोकप्रियता विश्वव्यापी हो गयी और उसके अनुवाद सभी भारतीय भाषाओं के साथ-साथ विश्व की अनेक प्रमुख भाषाओं में हो चुके हैं और हो रहे हैं।

विदेशों में भारतवंशियों के सांस्कृतिक सिरमौर, अत्यन्त प्रतिभाशाली कवि, संगीताचार्य एवं उद्‌भव विद्वान प्रो. हरिशंङ्कर आदेश ने इस पुस्तक में सर्वकल्याणकारी गीता के सभी अठारह अध्यायों से जुड़ी प्रेरक कथाओं और मूल संदेशों को सरल कविता में संजोकर जन साधारण का बड़ा हित करने का सफल प्रयास किया है। गीता अब केवल भगत या हिन्दु मात्र की ही नहीं, बल्कि पूरे विश्व की आध्यात्मिक धरहोहर बन गयी है। इसके ज्ञान को धारण कर आचरण करने पर आदर्श ईश्वरोन्मुख मनुष्य का निर्माण होता है। जो हर युग हर देश की सर्वप्रथम आवश्यकता है। विभिन्न समाजों में ऐसे मनुष्यों की प्रधानता होने से धरती पर सत्य, शिव और सुन्दर का प्रधान्य हो सकेगा। आज भी जिन व्यक्तियों ने अपने जीवन के चिंतन और कर्म में गीता के संदेशों को उतार उतार पाया है, उनका जीवन सभी प्रकार से द्वन्दरहित होकर सुख, शांति और संतोष से भर गया है।

मुझे आशा है कि "जनगीता" देश-विदेश में हिन्दी भाषी भारतवंशियों में गीता का प्रेरक संदेश प्रचारित-प्रसारित करने में समर्थ होगी। ट्रिनिडाड, अमेरिका और कनाडा के भारतवंशियों में भारतीय संस्कृति, धर्म और अध्यात्म की अलख जगाने वाले आदेश जी का यह प्रयास सभी प्रकार स्तुत्य है।

लल्लन प्रसाद व्यास

एक

निष्पाप (गणिका)

(भगवद्गीता माहात्म्य प्रथम अध्याय से सम्बन्धित महाकवि आदेश का खण्ड-काव्य)

एक बार पार्वती जी ने भगवान शिव जी से प्रश्न किया कि क्या कारण है कि आपको माया तथा अभिमान कभी छू भी नहीं पाते। भगवान शिव ने उत्तर दिया कि यह सब कुछ श्रीमद् भगवद्गीता का प्रताप है, जो मुझे किसी प्रकार की आसक्ति, माया अथवा विकार नहीं सताते। पार्वती जी ने पुनः प्रश्न किया – "कृपया बतायें आपके अतिरिक्त क्या कोई और भी कभी लाभान्वित हुआ है?" इस पर महादेव जी ने बताया कि एक बार पाताल लोक में भगवान विष्णु अपनी शेष नाग की शैय्या पर आंखें मूंदे विचारों में मग्न थे। तब लक्ष्मी जी ने उनसे प्रश्न किया कि नेत्र मूंद कर सोते रहना तो तमोगुण का प्रभाव माना जाता है। आप तो गुणातीत हैं फिर क्यों नेत्र मूंद कर लेटे हुए हैं? भगवान विष्णु ने बताया कि मेरे ध्यान मग्न होने का कारण तमोगुण अथवा निद्रा नहीं है। मैं सदा अपने ज्ञान और शब्दावतार भगवद् गीता का ध्यान करता रहता हूँ। इस पर लक्ष्मी जी ने पूंछा – "क्या जग में ऐसा कोई अन्य प्राणी भी है जो गीता पढ़ कर या सुन कर जगत से तर गया हो?"

श्री नारायण ने बताया – "एक समय की बात है जब एक शूद्र छोटी सी पंसारी की दुकान खोलकर अपनी जीविका कमाता था। उसने एक बकरी पाल रखी थी। वह उसे एक दिन जंगल में चराने ले गया। बकरी घास चरने लगी। वह शूद्र भी एक पेड़ से पत्ते तोड़ रहा था उस पेड़ की जड़ में एक ज़हरीला सांप भी छुप के बैठा हुआ था। उसने उस शूद्र को काट लिया, जिससे वह तुरन्त मर गया। मरकर वह शूद्र अगले जन्म में एक बैल बन कर जन्मा। उस सीधे सादे बैल को एक भिखारी ने खरीद लिया, जिस पर चढ़कर वह नित्य भीख मांगता था। वह भिखारी अत्यन्त क्रूर ह्रदय था। वह बैल को भूखा रख कर यंत्रणा देता था। एक दिन वह भूखा-प्यासा बैल नगर में गिर पड़ा। उसके प्राण नहीं निकल पा रहे थे। कितने ही लोगों ने उसे अपने पुण्यों का फल भी दिया। परन्तु कोई लाभ नहीं हुआ। तभी वहां एक वेश्या आई, जिसने अपने सुकर्मों का फल उस बैल को प्रदान किया; जिससे उस बैल के प्राण निकल सके। वही बैल अगले जन्म में एक ब्राह्मण कुल में उत्पन्न हुआ। उसका नाम सुशर्मा था। उसे पिछले जन्म की बातें याद थीं। वह जब युवा हो गया तो उसे उस गणिका की याद आई और वह उसके घर पर पहुंच गया। उसने वेश्या को अपना परिचय दिया और पूंछा कि तुमने ऐसा क्या पुण्य किया था जो उस समय अपने-अपने पुण्यों का फल दान देने वाले सभी लोगों से बड़ा था? वेश्या को भी याद आ गई। उसने बताया कि नित्य प्रातःकाल मेरा तोता कुछ पाठ करता है, उसे ध्यान से सुनती हूँ। उसने पिंजरे में बंद तोते को मंगाया और सुशर्मा से उसका परिचय करवाया। सुशर्मा ने पूंछा – तुम प्रातःकाल क्या पाठ करते हो? तोते ने

बताया कि मैं पिछले जीवन में एक ब्राह्मण का पुत्र था। मेरे पिताजी ने मुझे भगवद्गीता का प्रथम अध्याय पढ़ाया। जिसे पढ़कर मुझे अत्यन्त घमंड हो गया। मैं अपने गुरु के प्रति उद्दण्ड हो गया। इस प्रकार मरने के पश्चात मुझे तोते का जन्म मिला। एक दिन एक बहेलिये ने मुझे पकड़ लिया और एक विप्र के हाथ मुझे बेच दिया। एक दिन उस विप्र के घर में कुछ चोर चोरी करने आये और उसके यहां कुछ न पाकर पिंजरे समेत मुझे उठा ले गये। यह वेश्या उन चोरों की मित्र थी। इसका मन मुझ पर आ गया। अतः चोरों ने पिंजरे समेत मुझे गणिका को दे दिया। तब से यह मुझे अपना मित्र मानती है। मैं नित्य गीता के प्रथम अध्याय का सस्वर पाठ करता हूँ। यद्यपि इसकी समझ में कुछ भी नहीं आता है, परन्तु यह बड़े ध्यान से सुनती है। उसने अपना यही पुण्य तुम्हें प्रदान किया था। तब सुशर्मा ने उस तोते को अपने आशीर्वाद के प्रभाव से तोते की योनि से मुक्ति दिला दी। गणिका ने भी पाप के मार्ग को छोड़ दिया और गीता के प्रथम अध्याय का पाठ करती – करती निष्पाप होकर मुक्ति पा गई। इस कथानक को इस खण्ड काव्य में सरल भाषा में प्रस्तुत किया गया है। एक गणिका भी गीता के श्रवण तथा पढ़ने से निष्पाप हो गई। अतः इसका नाम निष्पाप गणिका रख दिया है। आशा है निष्पाप गणिका नामक यह खण्ड काव्य पाठकों को रुचिकर होगा। मुझे विश्वास है कि इसे पढ़कर विशेषतया गीता प्रेमी पाठक अवश्य लाभान्वित हो सकेंगे।

रचना काल : १६ दिसम्बर, १९८३ ई०; श्री आदेश आश्रम
ट्रिनिडाड (वेस्ट इंडीज़)
गीता जयन्ती

निष्पाप (गणिका)

१
श्री पार्वती ने एक बार, पूंछा शिव से कर नमस्कार।
"क्यों शिव कहलाते हो भगवन ? पूजा करता है जग अपार?

२
कटि में पहिने हो मृगछाला, ग्रीवा में सर्पों की माला।
नंगे तन पर सोहे भभूत, है नयन बसी अक्षय ज्वाला।।

३
गर्मी, वर्षा औ जाड़ों में, रहते हो सदा पहाड़ों में।
ले मत्त नादिया घूम रहे, प्रभु ! मसान और उजाड़ों में।।

४
यद्यपि रहस्यमय है चरित्र, फिर भी कहलाते हो पवित्र।
हो प्रलयंकर, ताण्डवकारी, फिर भी कहलाते, जगद् मित्र?

५
भगवन ! बतलाओ कौन ज्ञान, है बना रहा तुमको महान?
हैं नहीं व्यापते विश्व - कर्म छूते न हृदय मायाभिमान।।"

६
बोले तब हँसकर महादेव, "है इसमें कोई नहीं भेद।
गीता का ज्ञान हृदय में है, मस्तक में रहते सदा वेद।।

७
गीता कर देती तन पवित्र, गीता कर देती मन पवित्र।
गीता कर देती निर्मल जग, गीता करती जीवन पवित्र।।

८
हैं नहीं बांधते कभी कर्म, आता कर्मों का समझ मर्म।
गीता करती है कर्म-मुक्त, गीता समझाती मोक्ष-धर्म।।"

९
बढ़ गई और भी जिज्ञासा, सुनने की जागी अभिलाषा।
पुनि पार्वती जी ने पूंछा, ले उत्तर पाने की आशा।।

१०
"जिस गीता की इतनी गरिमा, वर्णन करते हैं प्रभु महिमा।
सुनने से कौन कृतार्थ हुआ? क्या दे सकते कोई उपमा?"

११
सुन पार्वती के स्वर भोले, मन ही मन मुस्काये भोले।
जिज्ञासा के शमनार्थ सहज, थे महादेव जी यूं बोले।।

१२
"सुनकर गीता का परम ज्ञान, कर-कर गीतोक्त सदैव ध्यान।
कितने तर गए जीव जग से, कितनों ने पाया मोक्ष दान।।

१३
प्रिय ! सुनो, आज हो निर्विकार, पाताल लोक में एक बार।
हरि शेष नाग की शैय्या पर, आंखें मूंदे करते विचार।।

१४
प्रभु लेटे थे आनन्द मग्न, लक्ष्मी ने पूंछा एक प्रश्न।
निद्रा - प्रमाद उनको भाता, तामसी गुणों में जो निमग्न।।

१५
''हे भगवन ! गुणातीत हो तुम, सबसे बढ़कर पुनीत हो तुम।
फिर नेत्र मूंद आलस-रत से, क्यों होते प्रभु! प्रतीत हो तुम।।''

१६
हँसकर बोले श्री नारायण, ''मैं गुणातीत हूँ, भव-तारण।
जो नेत्र मूंद, हूँ ध्यान-मग्न, निद्रा-आलस्य नहीं कारण।।

१७
हे परम प्रिये ! हे विश्व-प्राण ! है शब्द रूप जो महाज्ञान।
शुचि वेद सुता भगवद् गीता का करता हूँ मैं सदा ध्यान।।

१८
ज्ञानावतार भगवद् गीता, है वेद-सार भगवद् गीता।।
चौबिस अवतारों के सदृश्य, शब्दावतार भगवद् गीता।।

१९
पंचाध्याय मेरा आनन, पंचाध्याय है भुज-कानन।
पंचाध्याय, सुन सिन्धु-सुते! है मेरा अन्तराल औ मन।।

२०
केवल षोडश अध्याय उदर, सत्रहवां मेरा जान्हु नगर।
अष्टादश चरण, श्लोक नाड़ी हैं रोम, सभी गीता-अक्षर।।

२१
उस शब्द रूपिणी सीता का, वेदजा महान पुनीता का।
आनन्दमग्न रहता, मन ही मन अर्थ सोचकर गीता का।।''

२२
लक्ष्मी बोलीं - ''हे नारायण ! कर-कर गीता का पारायण।
हो सका कृतार्थ कौन जग में, दो कोई मुझको उदाहरण।।

२३

एक प्राणी जग में शूद्र वर्ण, बेंचा करता तैलादि लवण।
तर गया विश्व से, हरि बोले, लक्ष्मी! कर गीता-ज्ञान श्रवण।।

२४

उसने पाली थी एक बकरी, जिससे थी कुछ ममता गहरी।
ले गया चराने जंगल को, रहता एक सांप वहां ज़हरी।।

२५

था पत्ते तोड़ रहा तरु के, बैठा था सांप वहां छुपके।
काटा, मर गया तुरन्त शूद्र, पाया पुनि वृषभ-जन्म मर के।।

२६

वह बैल बहुत ही सीधा था, भिक्षुक ने जिसे खरीदा था।
चढ़ जिस पर भिक्षु. भीख मांगे, वृष प्रति न किन्तु संजीदा था।।

२७

खाना न बैल को देता था, पानी की ख़बर न लेता था।
वह बैल रात भर बंधा द्वार, कुछ भूसा खा जी, लेता था।।

२८

फिर एक दिन ऐसा भी आया, भिक्षुक ने मारा, तड़पाया।
उस दीन - हीन दुर्बल पशु.को, कोड़ों के बल पर दौड़ाया।।

२६

वह बैल भूख से महाव्यथित, गिर पड़ा नगर के बीच थकित।
कितनों ने दिए पुण्य-फल निज, पर प्राण न छूटे, सभी चकित।।

३०

इतने में एक गणिका आई, उसने एक से पूंछा, भाई !
है लगी भीड़ इतनी क्यों ? क्या नगरी पर है विपदा आई।।

३१
बोला वह व्यक्ति, सुनो बाई ! है एक बैल की मृत्यु आई।
पर नहीं निकलते प्राण, पुण्य-फल, दान-रीति हर अपनाई।।

३२
सहसा गणिका के होंठ हिले, मेरा सुकर्म-फल इसे मिले।
इतना कहते ही तुरत प्राण, उस वृषभ-गात से थे निकले।।

३३
गत जीवन कर्म-प्रसून खिला, मर, ब्राह्मण कुल में जन्म मिला।
द्विजराज सुशर्मा कहलाया, भूला सुधि-लोक नहीं पिछला।।

३४
यौवन में स्मृत आई गणिका, था जन्म-दान जिसके फल का।
वह पहुंच गया उसके घर पर, पूंछा-वृत्तान्त विगत कल का।।

३५
"क्या तुम मुझको पहचान रहीं? हूँ कौन, भला कुछ जान रहीं।
मेरी बातों को हे वनिते ! बोलो, क्या कर अनुमान रहीं?"

३६
असमंजस में थी मति डोली, समझी न विप्र - बातें भोली।
पहचान नहीं पाई बिलकुल, विस्मित स्वर में वेश्या बोली।।

३७
"कर पाती हूँ अनुमान नहीं। अजनबी ! न कुछ भी जान रही।
तू विप्र और मैं वेश्या हूँ, तेरी मेरी पहिचान नहीं।।"

३८
तब कहा सुशर्मा ने हसकर, "था मुक्त किया निज पुण्य देकर।
मैं वही वृषभ हूँ, हे गणिके ! क्या पुण्य किया सब से बढ़कर?

३९
छुट गई वृषभ की योनि विकट, अब ब्राह्मण के घर हुआ प्रकट।
तू अपना पुण्य बतादे अब, हो जाये दूर धर्म-संकट।।"

४०
जब किया विगत का पूर्ण ध्यान, आ गई याद, हो चला भान।
विश्वास हो चला बातों से, हो चला उसे भी रंच ज्ञान।।

४१
गणिका बोली- "सुन लो भाई ! मैं पुण्य न कोई कर पाई।
मेरा तोता कुछ पढ़ता है, वह श्रवण, पुण्य भर था भाई।।"

४२
दासी से पिंजरा मँगवाया, आगत को तोता दिखलाया।
फिर अतिथि सुशर्मा का सप्रेम, तोते से परिचय करवाया।।

४३
तब किया सुशर्मा ने सवाल, तोते से पूंछा, "कहो हाल।
हो जाता जिससे चमत्कार, क्या पढ़ते हो नित प्रातःकाल?"

४४
तोता बोला - "तुम सुनो मित्र ! था विगत जन्म में विप्र-पुत्र।
गीता का प्रथमोध्याय पढ़ाया, मुझे पिताजी ने पवित्र।।

४५
प्रथमोध्याय का सीख पाठ, हो गया गर्व मुझको विराट।
गुरु प्रति उद्दण्ड हुआ, शुक योनि मिली, खुल गए हृदय कपाट।।

५६
एक दिन फन्दक ने पकड़ लिया, मुझको बंधन में जकड़ लिया।
फिर एक विप्र के हाथ बेंच, उसने पा काफी मूल्य लिया।।

५७

वह विमल बुद्ध द्विज हो प्रमुदित, निज सुत को स्वयं पढ़ाता नित।
भगवद गीता का सस्वर पाठ, मैंने भी सीख लिया धर चित।।

५८

एक दिन उस ब्राह्मण के भी घर, घुस आये अनायास तस्कर।
पाया न स्वर्ण धन-धान्य न जब, वे चले गये पिंजरा लेकर।।

५९

चोरों की परिचित यह गणिका, आया था मुझ पर मन जिसका।
दे दिया तस्करों ने इसको, तब से मैं मित्र हुआ इसका।।

६०

गीता का प्रथमोध्याय पाठ, करता हूँ मैं नित नत ललाट।
सुनती है नित प्रति हृदय लगा, पर खुल न सके हैं उर-कपाट।।

६१

यद्यपि कुछ समझ नहीं आता, फिर भी तो सुनना है भाता।
इतना ही पुण्य किया इसने, वह पुण्य दिया तुमको भ्राता।।"

६२

तब कहा सुशर्मा ने हँसकर, मेरा आशीर्वाद है वर।
हो गया मुक्त तोता वर पा, गीता का है प्रभाव प्रियवर!।

६३

गणिका ने भी तज पाप-पंथ, अपनाया गीता का सुपंथ।
प्रथमोध्याय का पाठन कर, पा गई मुक्ति , वह भी अनन्त।।"

६४

लक्ष्मी से बोले नारायण, भूले से भी जो करे श्रवण।
भव-भय से पाता मुक्ति, करे जो भी गीता का पारायण।।

६५
हे उमा ! आत्म-विस्मृत रहता, भगवद् गीता में रत रहता।
"आदेश" इसलिए सुर-नर-मुनि गण पूज्य, स्वयं में लय रहता।।"

६६
पहला अध्याय कहे, क्षण में, कैसे विषाद उगता मन में।
हो जाता है नर मूढ़ और कर्त्तव्य विमुख सा जीवन में।।

६७
ऊर्जा है कौन नकारात्मक? ऊर्जा है कौन सकारात्मक?
कब शरण प्रभो की जाता नर, स्थिति होती कौन विषादात्मक?

६८
संजय बतलाता संज्ञायें राजाओं की, दे उपमायें।
एकत्रित हुईं जहां विशाल, कौरव पाण्डव की सेनायें।।

६९
फिर बीस श्लोक तक प्राणप्रिया! चमुओं का वर्णन किया गया।
इक्किस से सैंतालिस तक अर्जुन का विषाद है कहा गया।।"

७०
है किया समस्या का चित्रण, है मोह जनित विषाद विवरण।
हो जाती भ्रमित बुद्धि कैसे, जब मानव लड़ता जीवन-रण।।

समाप्त

दो

रहस्य (भव-भय-मुक्ति)

(भगवद् गीता माहात्म्य द्वितीय अध्याय से सम्बन्धित महाकवि आदेश का खण्ड-काव्य)

रहस्य नामक यह खण्ड काव्य श्रीमद् भगवद् गीता के दूसरे अध्याय से सम्बन्ध रखता है। इसमें भव-भय-मुक्ति के साधन अथवा रहस्य पर विशेष बल दिया गया है। अतएव इसका नाम रहस्य (भव-भय-मुक्ति) रख दिया गया है। प्रस्तुत काव्य में देव सुकर्मा नामक एक सच्चे शुद्ध शाकाहारी ब्राह्मण की कथा दी गई है। एक दिन देव सुकर्मा के यहां एक बाल ब्रह्मचारी जी पधारे। सुकर्मा ने अपने स्वभावानुसार उनकी बहुत आवभगत की। फिर एक दिन उचित समय देखकर जिज्ञासा प्रकट की कि मुझे ऐसा मार्ग बताइये जिससे मैं श्री नारायण को प्राप्त कर सकूं।

बाल ब्रह्मचारी संत ने सोच-समझकर भगवद् गीता का दूसरा अध्याय सुनाया, जिसे सुनकर देव सुकर्मा की बुद्धि जागरूक हो गई और उसे जन्म-मरण का रहस्य ज्ञात हो गया। तदोपरान्त उसने पुनः प्रश्न पूंछा - क्या भगवद् गीता का दूसरा अध्याय सुनने से किसी अन्य को भी भव-भय से मुक्ति मिली थी? ''तब संत ने उत्तर-स्वरूप एक चरवाहे की कथा सुनाई।

एक चरवाहा था, जो जंगल में बकरियां चराता था। एक रात को वह अपनी बकरियां लेकर जंगल को गया तो उसके आश्चर्य की सीमा नहीं रही। उसने देखा कि एक शेर उसकी एक बकरी को देखते ही डर गया और डर कर अपने प्राण बचाने के लिये दूर भाग गया। वह चरवाहा मेरे पास अपनी शंकाओं का समाधान करने के लिए आया। मैंने ध्यान करके उसे बताया कि पिछले जन्म में यह बकरी एक डायन थी। इसके जीवन का मुख्य उद्देश्य लोगों के घर बिगाड़ना ही था। अपने पति की मृत्यु के पश्चात् वह और अधिक बिगड़ गई। वह नित्य नये पुरुषों को फँसाती थी और उनका संहार करती थी। यह शेर पिछले जन्म में चिड़ियां पकड़ने वाला एक फन्दक था। एक दिन इस डायन ने फन्दक को अकेला पाकर मार डाला और कच्चा चबा गई। तब से इसके मन में भय समा गया है, जो शेर का जन्म पाकर भी उसके अन्तर्मन में बना हुआ है। शेर ने उस डायन को इस बकरी के रूप में भी पहचान लिया, इसीलिए अपनी जान बचाने के लिए डर कर भाग गया।

चरवाहे ने एक और प्रश्न पूंछा कि बताइये मैं पिछले जन्म में कौन था? संत ने बताया कि विगत जन्म में तू एक चाण्डाल था। अपने पिछले जीवन का हाल जानकर चरवाहे ने विनती की कि हमें कोई उपाय बताइये जिससे हम तीनों का उद्धार हो जाये। इस पर संत ने बताया - मैं एक बार एक गुफा में गया। वहां मैंने एक पत्थर पर भगवद् गीता के दूसरे अध्याय को लिखा हुआ पाया। मैंने उसे भली-भांति पढ़ा। उसका मनन करके उसे अपने जीवन में ग्रहण किया। संत ने

गीता के द्वितीय अध्याय में दिये गये आत्मा के स्वरूप का विवेचन किया। इस प्रकार आत्मा के स्वरूप को जानकर उन तीनों का उद्धार हो गया।

इस प्रकार देव सुकर्मा नामक ब्राह्मण को बाल ब्रह्मचारी से भगवाद् गीता के दूसरे अध्याय का ज्ञान हो गया और वह भी भव-भय से मुक्त होकर बैकुण्ठ धाम चला गया।

आदेश

रचना काल : १७ दिसम्बर, १६८३ ई० ;श्री आदेश आश्रम

ट्रिनिडाड (वेस्ट इंडीज़)

रहस्य (भव-भय-मुक्ति)

१

नारायण बोले प्रिय ललाम ! दक्षिण में नगरी पूर्ण नाम।
था देव सुकर्मा धनी, करे संतों की सेवा निर्विराम।।

२

निष्काम भक्त था वह ब्राह्मण, मन करता था मुझ में विचरण।
करता था उपांशु जप हर दम, जय नारायण, जय नारायण।।

३

हर प्राणी को समझे समान, सबको ही देता उचित मान।
दीनों-दुखियों की सेवा में, तत्पर रहते थे सदा प्राण।।

४

था प्रिये ! शुद्ध शाकाहारी, करता न तस्करी, मक्कारी।
ईमानदार था, नियत ठीक, छू गई न थी दुनियादारी।।

५

तर्कों में नहीं उलझता था, भावों में रखे सहजता था।
पड़ता था नहीं विवादों में, सेवा को धर्म समझता था।।

६

भगवद् के सदा गान करता, हिंसा कर नहीं प्राण हरता।
प्रतिरूप समझकर ही मेरा, संतों का सदा मान करता।।

७

ऐश्वर्य बरसता था पद पर, पर दर्प नहीं था संपद पर।
रहता था सदा सादगी से, विश्वास अटल था भगवद् पर।।

८

था मोह नहीं उसको धन से, करता था दान खुले मन से।
था किंचित गर्व-गुमान नहीं, सबसे मिलता अपनेपन से।।

६

यूं बीत गया प्रिय ! दीर्घ काल, रहता था सुख से उठा भाल।
आया एक बाल ब्रह्मचारी, जिसकी मन से की देख-भाल।।

१०

भर पूर्ण भक्ति से अंतराल, करके निज सेवा से निहाल।
प्रिय ! देव सुकर्मा ने एक दिन, पूंछा आगत से एक सवाल।।

११

"हे बुधवर ! कुछ आदेश करो, कुछ ज्ञान पूर्ण निर्देश करो।
श्रीनारायण को पा जाऊं, मुझको ऐसा उपदेश करो।।"

१२

पहले सवाल नापा-तोला, फिर सोच-समझकर मुंह खोला।
देखी सद्भक्ति सुशर्मा की, तब बाल ब्रह्मचारी बोला।।

१३

"तुझको उपाय बतलाता हूँ, कल्याण-पंथ दिखलाता हूँ।
भव-भय छुट जाये, गीता का दूसरा अध्याय सुनाता हूँ।।"

१४

अध्याय दूसरा किया श्रवण, आ गया समझ में जन्म-मरण।
फिर देव सुकर्मा ने पूंछा, एक प्रश्न स्पर्श कर संत-चरण।।

१५
"सुन कर द्वितीय अध्याय भक्त, तजकर भव-भय हो अनासक्त।
बतलाओ करके कृपा संत ! क्या पहले कोई हुआ मुक्त।।"

१६
तब कहा संत ने - "सुन रे सुन! ओ देव सुकर्मा हो एक मन।
मैं एक अयाली की तुझको, अब कथा सुनाता हूँ नूतन।।

१७
था एक चरवाहा निर्मल मन, बकरियां चराता था वन-वन।
मेरे समीप आ जाता, जब मैं करता कीर्त्तन और भजन।।

१८
एक रात बकरियों को लेकर, जंगल को गया अभय होकर।
पथ में बैठा था एक शेर, भागा एक बकरी से डरकर।।

१९
जब भागा शेर सहम वन में, चरवाहा चकित हुआ मन में।
आया मेरे समीप पूंछा, मुझसे सवाल उस ही क्षण में।।

२०
तुम त्रिकालज्ञ हो, ज्ञानी हो, हरि-भक्त संत हो, ध्यानी हो।
मेरी शंका को दूर करो, वेदज्ञ, ब्रह्मविद् प्राणी हो।।

२१
मेरे मन में है प्रश्न उठा, शंका जागी, संदेह जगा।
मुझको वृत्तान्त बताओ तो, क्यों बकरी से डर सिंह भगा?"

२२
"लो सुनो अयाली कहता हूँ, खुद देखी-भाली कहता हूँ।
वार्ता सुनाता हूँ सच्ची, मैं बात न ख्याली कहता हूँ।।

२३
सुन, विगत जन्म में यह बकरी, एक डायन थी अति भयंकरी।
करती संहारक कार्य सदा, मानो थी एक घातक मकरी।।

२४
सबके ही घर बिगाड़ती थी। हँसते जीवन उजाड़ती थी।
अपने पति पर शेरनी बनी, दिन-रात सदा दहाड़ती थी।।

२५
निज भर्त्ता के मर जाने पर, खुद एकाकी रह जाने पर।
हो गई अधिक प्रलयंकारी, हर आज़ादी मिल जाने पर।।

२६
वह तरह-तरह के स्वांग रचा, सबको उंगली पर नचा-नचा।
पुरुषों को मोहित करती थी, जो भी फँस गया, न कभी बचा।।

२७
वह कच्चा मांस चबाती थी, उनका लोहित पी जाती थी।
छोटे लड़कों को मार-मार, आए दिन ही खा जाती थी।।

२८
जिस़ लड़के को सुन्दर पाया, डोरा डाला, जा बहकाया।
कर नष्ट-भ्रष्ट उसको समूल, हर लड़के को इसने खाया।।

२६
हर स्त्री से ही जलती थी, हर हँसी उसे अति खलती थी।
कर-कर तरकीबें नई-नई, वह हर सधवा को छलती थी।।

३०
नस-नस में ही हैवानी थी, रचती नित नई कहानी थी।
मौसी थी दुष्ट पूतना की, वह सूर्पणखा की नानी थी।।

३१
आता था मज़ा सताने में, धर नए रूप बहक़ाने में।
मौक़ा पाते ही पुरुषों को, एकाकी ही खा जाने में।।

३२
वह शेर विगत में फन्दक था, हर पक्षी का ही बन्धक था।
करता था अपनी मनमानी, यूं स्वतंत्रता का निन्दक था।।

३३
एक दिन फन्दक पा एकाकी, आई डायन कर चालाकी।
फन्दक को मार खा गई वह, कुछ चिन्ह नहीं छोड़ा बाक़ी।।

३४
वह डायन ही अब बकरी है, वह फन्दक शेर बर्बरी है।
भय की भावना अभी तक पर, बैठी उसके मन गहरी है।।

३५
है विगत जन्म का संस्कार, भय बैठ गया मन में अपार।
पहचान अजा को भाग गया, है सिंह मगर लगता सियार।।

३६
भय सब रोगों की जटिल मूल, पड़ते न दिखाई शूल-फूल।
भय कर देता जड़ बुद्धि सदा, भय में जाते सब ज्ञान भूल।।

३७
भय सब तापों की जड़ अचपल, है भय का इलाज नहीं सरल।
अति बलशाली मल्लों का भी, भय से जाता है वक्ष दहल।।

३८
हो जाये कहीं न नियति अदय, मिल सके न संघर्षों पर जय।
भय रहता भूखों मरने का, सच पूंछो, एक अभिशाप है भय।।

३६
स्वजनों के खो जाने का भय, सत्ता के छिन जाने का भय।
भय दरिद्रता असुरक्षा का, पर सब से बड़ा मृत्यु का भय।।

४०
मानव-दानव सुर-असुर यक्ष, गंधर्व-नाग पशु-विहग तक्ष।
भयभीत मृत्यु से सभी यहां, दिखलाई पड़ता है प्रत्यक्ष।।

४१
भय का कोई भी पार नहीं, भय का कोई भी सार नहीं।
चींटी से डरता है हाथी, भय का कोई आकार नहीं,

४२
कैसा भी भय हो, दुःखकर है, भय में कुछ लगे न सुखकर है।
कपड़ा-लत्ता शोहरत-औरत, पैसा भी लगे न रुचिकर है।।

४३
यद्यपि केहरि-तन पाया है, हर प्राणी ने भय खाया है।
पर विगत जन्म का भयावना, भय अब तक हृदय समाया है।।

४४
वह समझा डाइन आयेगी, मुझको फिर कच्चा खायेगी।
अच्छा है इससे भाग चलो, वरना फिर शामत आयेगी।।"

४५
मैं समझ गया; की कृपा नाथ ! बतलाओ लेकिन एक बात।
पूंछा चरवाहे ने, मैं था पिछले जीवन में कौन तात?"

४६
बोला हँस बाल ब्रह्मचारी, "भाई चरवाहे सुविचारी।
जो जिज्ञासा जागी मन में, मैं शान्त करूंगा अब सारी।।

४७
जो तूने पूंछा है सवाल, सुन विगत जन्म का आज हाल।
मैंने विचार कर बतलाया, तू था पहिले एक चाण्डाल।।"

४८
चरवाहा बोला- "ब्रह्मचारी ! हे त्रिकालज्ञ ! हे अविकारी !
कुछ तो उपाय बतलाओ तुम, हम तीनों की गति हो प्यारी।।

४९
हम तीनों का उद्धार करो, प्रभु ! भव-सागर से पार करो।
छुट जाये जो यह अधम योनि, बतला उपाय, उपकार करो।।"

५०
सुन संत विनय को शान्त रहा, कुछ पल विचार-सरि मध्य बहा।
तब पूर्त्ति हेतु जिज्ञासा की, उस बाल संत ने विहँस कहा।।

५१
"थी एक गुफा पर्वत अन्दर, मैं एक दफा पहुंचा चलकर ।
अध्याय दूसरा गीता का, था लिखा साफ़ एक पत्थर पर।।

५२
मैंने उसका अध्ययन किया, अध्ययन-मनन कर ग्रहण किया।
लो सुनो, तुरत तर जाओगे, यदि तुमने मन से श्रवण किया।।

५३
आत्मा न जीती मरती है, छिदती न सूखती, जलती है।
चौरासी लाख योनियों के तन, वस्त्र समान बदलती है।।

५४
है आत्मा अव्यय अजर, अमर, है अविनाशी चैतन्य निडर !
वह अज्ञानी कहलाता है, जो कहे आत्मा को नश्वर।।

५५
शैशव में मोहित करती है, यौवन में सदा निखरती है।
परिवर्त्तन ही जिसका स्वरूप, यह देह जन्मती-मरती है।।

५६
यह रोती है, यह हँसती है, यह तन सुख-दुःख की बस्ती है।
इसमें ही हैं सारे विकार, यह तन माया की मस्ती है।।"

५७
सुनते ही उसको हुआ ज्ञान, उतरा नभ से तत्क्षण विमान।
हो मुक्त योनियों से अपनी, वे गये तुरत बैकुण्ठ स्थान।।

५८
यूं देव सुकर्मा ने महान, पाया गीता का मर्म, ज्ञान।
हो गया मुक्त भव-बन्धन से, पाया उसने भी परम स्थान।।

५९
नारायण बोले- जो भी नर, भगवद गीता को पढ़े अगर।
समझे-बूझे औ अपनाये, पा जाए मुक्ति का अनुपम वर।।

६०
अध्याय दूसरा बतलाता, क्या देह-आत्मा का नाता।
मरता है कौन? कौन जीता? कर्माधिकार ही नर पाता।।

६१
भव-भय की कैसे नींव हिले, कैसे हर गूढ़ रहस्य खुले।
कर्मों के चिर बन्धन से भी, कैसे मानव को मुक्ति मिले।।

६२
निष्काम कर्म करते जाओ, फल के पीछे न कभी जाओ।
निष्क्रिय रहना भी पातक है, फल हरि-अर्पित करते जाओ।।

६३
जीवन में नित सुख पाओगे, सारे दु:ख से छुट जाओगे।
अध्याय दूसरा गीता का, यदि समझ सत्य में जाओगे।।

समाप्त

ट्रिनिडाड १७.१२.१९८३ ई०

तीन

महिमा

(भगवद् गीता माहात्म्य तृतीय अध्याय से सम्बन्धित महाकवि आदेश का खण्ड-काव्य)

"महिमा" नामक खण्डकाव्य का कथानक श्रीमद् भगवद् गीता के तीसरे अध्याय से सम्बन्धित है। इसमें एक शूद्र की कथा दी गई है। विष्णु जी ने लक्ष्मी जी को बताया कि एक जंगल में धनदास नामक एक स्वेच्छाचारी अत्यन्त लोभी शूद्र रहा करता था। उसने अनीति और बेईमानी से अपार धन जोड़ लिया। अनायास एक दिन उसका सारा धन खो गया और वह पागलों की तरह चिल्लाता हुआ इधर-उधर डोलने लगा। वह सबसे अपनी खोई संपत्ति को पुनः प्राप्त करने का उपाय पूंछता फिरता था। इस प्रकार वह कुछ तांत्रिको के फेर में पड़ गया और धन के लिए चोरी तक करने लगा। एक दिन कुछ चोरों ने उसे इतना मारा कि उसके प्राण पखेरू उड़ गये। मर कर वह प्रेत - योनि में दुःख पाने लगा। जिस दिन उसकी मृत्यु हुई थी, उस समय उसकी पत्नी गर्भवती थी। यथासमय उसके एक पुत्र हुआ। पुत्र जब बड़ा हुआ तो उसने माता से अपने पिता के विषय में जानकारी प्राप्त की। सत्यको जानकर उसे बहुत दुःख हुआ। जब उसे पता चला कि उसके पिता की मृत्यु के बाद कोई श्राद्ध या तर्पण नहीं करवाया गया था तो

वह बुध जनों से परामर्श कर उसका श्राद्ध-तर्पण करने प्रयागराज गया। मार्ग में वह एक पेड़ के नीचे बैठकर सुस्ताने लगा। अचानक उसे कुछ डर सा महसूस हुआ। यह वही स्थान था, जहां उसके पिता का वध हुआ था और उसका पिता प्रेत योनि में उसी पेड़ पर रहता था। वह भय-मुक्ति के लिए गुरु मंत्र पढ़ने लगा। इसी प्रकार उसने गीता के तीसरे अध्याय का पाठ भी किया, जिसे सुनकर उसके पिता का प्रेत योनि से उद्धार हो गया। वह अपने पुत्र को धन्यवाद, आशीर्वाद तथा तीसरे अध्याय का पाठ करने का परामर्श दे कर स्वर्ग चला गया। उसके पुत्र ने बड़े मनोयोग से भगवद् गीता के तीसरे अध्याय का पाठ किया जिसके फल-स्वरूप उसके पितरों समेत सारे ही पापी भव-सागर से तर गये और स्वर्ग में जा पहुंचे। इस प्रकार नर्क लोक सुनसान हो गया। यमराज के दूत अपनी समस्या लेकर श्री नारायण के सामने गये। उनकी समस्या सुनकर नारायण ने कहा कि भगवद् गीता के पाठक को कभी नर्क मत देना। हां, समय आयेगा जब तुम्हारा नर्क गीता-विमुखों से भर जायेगा।

रचना काल : १७ दिसम्बर, १६८३ ई०; श्री आदेश आश्रम
ट्रिनिडाड (वेस्ट इंडीज़)

महिमा

१

नारायण बोले लक्ष्मी से, एक शूद्र महा अज्ञानी था।
एकाकी जंगल में रह कर, करता सदैव मनमानी था।।

२

धनदास नाम था, लोभी था, अति कामी था, अति क्रोधी था।
थी भगवद-भक्ति व्यर्थ उसको, वह कट्टर धर्म-विरोधी था।।

३

धन के लालच में वह षन्दा, रहता था सदा बना अंधा।
जिस भांति कमा पाये पैसा, करता केवल वह ही धंधा।।

४

धन के हित झूठ बोलता था, अमृत में गरल घोलता था।
नित साम-दाम औ दण्ड-भेद से, धन ही बस बटोरता था।।

५

इस तरह जोड़ कर धन अपार, धन-संपति का था नहीं पार
किस तरह विश्वपति बन जाये, करता रहता निश-दिन विचार।।

६

जो धन अनीति से आता है, कर पाप कमाया जाता है।
वह एक रोज़ निश्चित मित्रों ! खुद अनायास खो जाता है।।

७
हो गया प्रकृति का विकट कोप, संपदा हुई सहसा विलोप।
धनदास हुआ धन-हीन दीन, विपदा घन छाये घटाटोप।।

८
हर घड़ी लगा चिंतित रहने, दिन-रात लगीं आंखें बहने।
पागल सा लगा डोलने नित, सब से अपनी गाथा कहने।।

९
"हे मित्र ! मुझे समझाओ तुम, आकुल हूँ धीर बँधाओ तुम।
कैसे खोया धन पा जाऊं, ऐसा उपाय बतलाओ तुम।।

१०
वह अंजन दृग में डाल सकूं, मैं देख छुपा हर माल सकूं।
कोने-कोने में छुपा हुआ, धरती से द्रव्य निकाल सकूं।।"

११
पड़ गया तांत्रिकों के कर में, अन्तर न रखा मसान-घर में।
सेवन करता नित मद्य-मांस, फंस तंत्रवाद के चक्कर में।।

१२
मर्यादा लहूलुहान हुई, हर नीति अनीति समान हुई
हो गई बुद्धि कुण्ठित उसकी, धन की इच्छा बलवान हुई।

१३
ऐसी आ पहुंची एक घड़ी, चोरी करने की बान पड़ी।
एक दिन चोरी करते-करते, उस पर अति विपदा आन पड़ी।।

१४
चोरों ने लूटा जी भर कर, मिल सबने पीटा रह-रह कर।
टुकड़े-टुकड़े कर दिया गात, वह प्रेत बन गया यूं मर कर।।

१५

नित प्रेत–योनि में दुःख पाता, रह–रह कर रोता–चिल्लाता।
है कोई, कहीं? मुझे इस प्रेत–योनि से आज छुड़ा पाता।।

१६

छोड़ी जिस दिन उसने धरनी, थी गर्भवती उसकी पत्नी।
कर अवधि पूर्ण जो यथा समय, बन गई पुत्र की वह जननी।।

१७

धनदास–पुत्र जब बड़ा हुआ, अपने पैरों पर खड़ा हुआ।
पूंछा उसने निज माता से, "मेरे पितु का क्या हाल हुआ?"

१८

माता ने सारा हाल कहा, रो–रो जो दुःख बेहाल सहा।
चोरों ने कैसे मार पिता को उसके, सरि में दिया बहा।।

१९

सुत को सुन क्लेश अपार हुआ, क्षत सपनों का संसार हुआ।
जो भी हो, पिता पिता ही है, अन्तर में जाग्रत प्यार हुआ।।

२०

उस दुःख की जीवित प्रतिमा से, ममता की सच्ची उपमा से।
आकुल–व्याकुल हो पिता हेतु, उसने सविनय पूंछा माँ से।।

२१

बोलो–"क्या गति करवाई थी? संस्कार शुद्धि करवाई थी?
तर्पण या श्राद्ध किया उनका, जब मृत्यु पिता ने पाई थी?"

२२

माता बोली भर- भर सिसकी, "मैं अभागिनी कुछ कर न सकी।
गति संस्कार की बात न कर, अंतिम दर्शन भी कर न सकी।।"

२३

सुत गया गुरुजनों ढिंग विनीत, पूंछा – बतलाओ, सर्वमीत !
क्या करूं कि पितु को शान्ति मिले, हो जाये कुल – जीवन पुनीत।।

२४

बुध जन बोले – सुत ! कार्य करो, तुम पितृ शान्ति हित यज्ञ करो।
होगा मंगल हर भांति अगर, जा गया तुरत ही "गया" करो।।

२५

मां की आज्ञा ले महाभाग, सुत चलकर जा पहुंचा प्रयाग।
कर स्नान त्रिवेणी में, अर्पित कर सुमन दुग्ध औ अंगराग।।

२६

वह चला गया की ओर शान्त, हो गया थकित अति म्लान श्रान्त।
बैठा वह एक विटप नीचे, विश्राम हेतु, ले चित अशान्त।।

२७

भयभीत हो गया वह मन में, यह वही स्थान था निर्जन में।
जिस जगह पिता का हनन हुआ, रहता जो प्रेत बना वन में।।

२८

भय–मुक्ति हेतु गुरुमंत्र पढ़ा, जिससे साहस संचार बढ़ा।
गीता–पाठी ने भगवद् गीता का तृतीय अध्याय पढ़ा।।

२९

कर प्रेत योनि में जिसे श्रवण, हो गया पिता विमुक्त तत्क्षण।
मिल गई देव–देही उसको, धुल गये पाप उसके भीषण।।

३०

हो गये प्रफुल्लित स्वतः प्राण, हो गया दुःखों से तुरत त्राण।
उसको ले जाने हेतु वहां, आ गया स्वर्ग से एक विमान।।

३१
जैसे ही शुद्ध हुआ चोला, ममता से उर - अन्तर डोला।
अपने आदर्श पुत्र से स्वर्गिक, विमान पर चढ़ कर बोला।।

३२
"हे सुत ! शत-शत आशीर्वाद, देता हूँ तुमको साधुवाद।
मैं ही हूँ पिता तुम्हारा प्रिय, विश्वास करो तुम निर्विवाद।।

३३
संभला हर बिगड़ा हुआ काज, मिल गया शान्ति का मुझे राज।
गीता का पाठ श्रवण करके, उद्धार हो गया पुत्र आज।।

३४
वेदों का पथ अपनाता हूँ, मैं आज देव-पद पाता हूँ।
हे तात ! कृपा से तेरी ही, मैं आज स्वर्ग को जाता हूँ।।"

३५
सुत ने उर में भर भक्ति - भाव, चरणों में अर्पित कर लगााव।
विनती की, करें आज्ञा कुछ, बढ़ जाये पुण्यों का प्रभाव।।

३६
हो गया प्रसन्न देव-देही, बोला-"आदर्श पुत्र स्नेही!
मेरे पितरों की सात पीढ़ियां, पड़ी अभी नरकों में ही।।

३७
कर तू तृतीय अध्याय पाठ, कर ध्यान परम प्रभु का विराट।
हो जाए मुक्ति पितरों की भी, उन्नत हो उनका भी ललाट।।

३८
इतना कह सुत से स्वर्ग गया, सुत ने भी हरि का ध्यान किया।
अध्याय तीसरे का विधिवत्, उसने तन्मय हो पाठ किया।।

३९
सब पितृ नर्क से मुक्त हुये, हरि चरणों में आसक्त हुये।
गीता का पाठ सुना जिसने, भव-मुक्त सभी वे भक्त हुये।।

४०
यमदूत हृदय में भरे शोक, यमराज पास पहुंचे विलोक।
"सब पापी जब बैकुण्ठ गये, यूं उजड़ गया है नर्क लोक।।

४१
हो गया शिथिल सारा विधान, पातकी बन गया हर, महान।
खाली बैठे हम सभी, कहो दें किसे नर्क में दण्ड - दान।।"

४२
यमदूतों की गाथा सुनकर, पहुंचे यमराज क्षीरसागर।
श्री नारायण के सम्मुख जा, बोले यूं सविनय शब्द प्रवर।।

४३
"पातकी अधम औ श्रापी थे, नित करते आपाधापी थे।
बैकुण्ठ गये चढ़कर विमान, जो जन्म-जन्म के पापी थे।।

४४
यंत्रणा-वर्जना किसको दें? अब दण्ड - भर्त्सना किसको दें?
क्या कार्य हमारा रहा शेष, अब नर्क - यातना किसको दें?"

४५
बोले प्रसन्न हो नारायण, हो दुखी न मन में यूं क्षण-क्षण।
मैं मर्म बताता तुम्हें एक, हे धर्मराज ! अब करो श्रवण।।

४६
"पापी, जिनसे था अनय हुआ, गत पुण्य उन्हीं का उदय हुआ।
मिल गया उन्हें बैकुण्ठ धाम, हर जीव आज है, अभय हुआ।।

४७
यह फल है गीता पढ़ने का, यह फल है गीता सुनने का,
गीता-पाठी द्वारा अर्जित, यह फल है गीता पढ़ने का।।

४८
हे धर्मराज ! संदेश सुनो, अब से मेरा निर्देश सुनो।
भगवद् गीता के पाठक को, देना न नर्क, आदेश सुनो।।

४६
जाओ, तुम भी प्रस्थान करो, सच्चिदानन्द गुण-गान करो।
गीता-विमुखों से भरे नर्क, जब समय आएगा, ध्यान धरो।।"

५०
यमराज यमपुरी को आये, यमदूत सभी फिर बुलवाये।
आदेश मिले जो श्रीहरि से, उनके सम्मुख सब दुहराये।।

५१
"गीता-पाठी को नर्क न दो, कर बेड़ा उनका गर्क न दो।
वे स्वर्ग लोक के अधिकारी, उनके विपक्ष में तर्क न दो।।

५२
तुम उनके प्रति उद्दण्ड न हो, उनको कोई भी दण्ड न दो।।
कोई दुःख या यंत्रणा घोर, तुम अखण्ड अथवा खण्ड न दो।।"

५३
लक्ष्मी से बोले हरि विराट, उसके खुल जाते उर-कपाट।
जो करे तृतीयाध्याय मन-वचन कर्मों से प्रिय ! नित्य पाठ।।

५४
वर्णाश्रम कर्मों की गाथा, कर्मों का जीवन से नाता।
कहते हैं किसको कर्म योग, अध्याय तीसरा बतलाता।।

५५
कर शास्त्र–विहित कर्त्तव्य कर्म, निष्क्रिय रहना भी है अधर्म।
निष्क्रिय जन का निर्वाह नहीं, है कर्म योग का यही मर्म।।

५६
यज्ञों से विहित कर्म होता, यज्ञों से वर्षागम होता।
वर्षा से हो उत्पन्न अन्न, औ अन्न–उदित प्राणी होता।।

५७
वेदोक्त कर्म कर तू प्राणी, है वेद विधाता की वाणी।
अक्षर परमात्मा सदा व्याप्त, तू वेद - सुधा पी कल्याणी।।

५८
सत–रज–तम तीनों गुण प्रधान, यह प्रकृति कर्म का है विधान।
जो कर्त्ता कहे स्वयं को ही, उसको अज्ञानी सदा मान।।

५९
जो परमात्मा में करे रमण, परमात्मा को ही करे स्मरण।
हो जाता कर्म–मुक्त वह जो, कर दे हर कर्म उसे अर्पण।।

६०
जैसा भी जो कुछ भी विधान, अन्यों की तुलना में सुजान।
त्यागो मत कभी स्वधर्म न तुम, है अपना धर्म सदा महान।।

६१
इन्द्रिय–निग्रह करके ललाम, कर विजय जगत में प्रथम काम।
ले समझ आत्मा का महत्त्व, पा जायेगा बैकुण्ठ धाम।।

६२
जय कर लेता निज चित चंचल, हो जाता है जीवन निर्मल।
बन जाता प्राणी इन्द्रजीत, अध्याय तीसरे का है फल।।

समाप्त

चार

ललिता-लक्ष्मी

(भगवद् गीता माहात्म्य चतुर्थ अध्याय से सम्बन्धित महाकवि आदेश का खण्ड-काव्य)

"ललिता-लक्ष्मी" नामक खण्डकाव्य का कथानक श्रीमद् भगवद् गीता के चौथे अध्याय से सम्बन्धित है। श्री नारायण ने लक्ष्मी जी को बतलाया कि गीता-पाठी भक्त के छूने मात्र से वस्तु पवित्र हो जाती है। वह व्यक्ति जहां भी जाता है, वहां प्रकाश ही फैलाता है। लक्ष्मी जी की जिज्ञासा शान्त करने के लिये श्री हरि ने एक वृत्तान्त सुनाया। उन्होंने कहा - उत्तर भारत में गंगा तट पर देवी का एक नगर था, जिसका नाम काशी था। वहां सुभग रामावतार नामक एक वैष्णव रहता था। एक दिन वह हरि नाम का स्मरण करता हुआ वन में विचरण कर रहा था । वहां पर बेरी के दो पेड़ थे। उसने थक कर एक बेरी से अपना सिर टेका और दूसरी बेरी के पेड़ की जड़ पर अपना पैर रख दिया। कुछ देर में ही एक चमत्कार हुआ। वे दोनों पेड़ कांपे और कुछ पल में सूखकर धरती पर गिर पड़े। ये दोनों बेरियां अगले जन्म में एक ब्राह्मण के घर में बेटी बनकर जन्मीं। उनके माता-पिता ने उनके नाम ललिता और लक्ष्मी रखे। विवाह योग्य होने पर पिता ने विवाह की योजना बनाई तो दोनों ने कहा कि वे इसकी चिंता न करें। उन्हें अपने

विगत जीवन की याद है। वे विवाह नहीं करेंगी। वे तीर्थ - यात्रा को जाना चाहती हैं। माता-पिता की आज्ञा लेकर दोनों बहिनें काशी पहुंचीं। जहां उन्होंने सुभग रामावतार को ढूंढ ही लिया। वे दोनों उसके पास पहुंचीं और अपना परिचय दिया और पिछले जन्म में उसके द्वारा अपने उद्धार की कथा सुनाई। रामावतार सुनकर प्रसन्न हुआ। पूंछा कि वह क्या सेवा कर सकता है?

ललिता और लक्ष्मी ने कहा - यदि वह देना ही चाहता है तो भगवान के अवतार का रहस्य बताने वाले भगवद् गीता के चौथे अध्याय पाठन का फल उन्हें दान में दे दे। रामावतार ने चौथा अध्याय भक्तिपूर्वक पढ़ा और उसका फल उन्हें दान में दे दिया। जिसके फलस्वरूप उन दोनों को दिव्य देह मिली और दोनों धन्यवाद देकर बेकुण्ठ धाम चली गईं।

रचना काल : १७ दिसम्बर, १९८३ ई० ; श्री आदेश आश्रम
ट्रिनिडाड (वेस्ट इंडीज़)

ललिता-लक्ष्मी

१

लक्ष्मी से बोले जनार्दन, गीता जी का जो करे पठन।
समझे-बूझे औ अपनाये, गंभीर भाव से करे मनन।।

२

होता उसका तन-मन पवित्र, हो जाता है वह विश्व-मित्र।
मुख पर विराजती विमल विभा, निर्मल हो जाता है चरित्र।।

३

उस पुण्यात्मा का स्पर्श मात्र, कर देता पावन प्राणि - गात्र।
केवल पवित्रता का प्रकाश, फैलाता है वह पुण्य पात्र।।

४

उसके समीप जो भी जाता, चाहे-अनचाहे छू जाता।
वह अधम योनि को त्याग तुरत, हो मुक्त स्वर्ग को है जाता।।

५

लक्ष्मी ने पूंछा - "हे भगवन ! मेरी शंका का करो शमन।
गीता-पांठी के स्पर्श मात्र से, किया किसी ने स्वर्ग-गमन?

६

क्या छुटी जगद् आसक्ति कभी? क्या मिली आत्मिक शक्ति कभी?
गीता-पाठी के छूने से, क्या मिली किसी को मुक्ति कभी?"

७

नारायण बोले - परम प्रिये ! हो किसी योनि में जीव प्रिये!
गीता-पाठी के स्पर्श मात्र से, कितने ही हो मुक्त गये।।

८

मैं एक वृत्तान्त सुनाता हूँ, शंका को अभी मिटाता हूँ।
दो जीवों की निर्वाणमयी, मैं बात तुम्हें बतलाता हूँ।।

९

उत्तर भारत में अघ-हारा, बहती है गंगा की धारा।
उसके पावन तट पर है स्थित, देवों का एक नगर प्यारा।।

१०

तीर्थों में अग्र नाम काशी, पावनतम पूर्णकाम काशी।
सारे देवता विराज रहे, कहलाता ईश धाम काशी।।

११

तजकर जग के मिथ्या वैभव, रहता था वहां एक वैष्णव।
गंगाजी में कर स्नान नित्य, मन से पूजता सदैव प्रणव।।

१२

था नाम सुभग रामावतार, प्रभु पर तन-मन-धन से निसार।
हर जीव , मात्र के लिए भरा था, उसके मन में अमित प्यार।।

१३

भव के आकर्षण से हट कर, लिख नाम प्रभो का चित-पट पर।
चौथा अध्याय पाठ करता, नित ध्यान लगा गंगा-तट पर।।

१४

कैसी भी स्थिति, न दुखी होता, है सदैव आत्ममुखी होता।
हर चिंता रहती दूर-दूर, संतोषी सदा सुखी होता।।

१५
एक दिन वन में विचरण करता, श्रीहरि का नाम स्मरण करता।
दो बेरि-वृक्ष थे जहां खड़े, वह पहुंचा वहां चरण धरता।।

१६
जाने क्या मन में पैठ गया, था श्रान्त, वहां पर बैठ गया।
निद्रा ने आ घेरा उसको, छाया में उनकी लेट गया।।

१७
एक बेरी से सिर टेक लिया, दूजी पर रख निज पांव दिया।
इस भांति कुछ घड़ी वैष्णव ने, उस वन में जा विश्राम किया।।

१८
लक्ष्मी जी ! देखो चमत्कार, गीता जी की महिमा अपार।
सुस्पर्श मात्र से वैष्णव के, हो गया विटप द्वय का उद्धार।।

१९
छूते ही काँप उठे पादप, गिर पड़े सूख कर वहीं विटप।
गीता पाठी रामावतार का, लक्ष्मी ! था कुछ ऐसा तप।।

२०
जन्मीं दोनों बेरियां प्रवर, बनकर पुत्रियां ब्राह्मण घर।
मिलती है मनुज योनि दुर्लभ, कर पुण्य जन्म-जन्मों में वर।।

२१
ललिता-लक्ष्मी थे नाम सुघर, साक्षात सदगुणों का आगर।
पावित्र्य झलकता आनन पर, दोनों कन्यायें थीं सुन्दर।।

२२
कन्यायें बड़ी तपस्वी थीं, विदुषी थीं, अति तेजस्वी थीं।
था विगत जन्म का उन्हें ज्ञान, मेधावी थीं, वर्चस्वी थीं।।

२३
कन्या बढ़ती शशि के समान, बीतता पलों में वर्ष मान।
हो गईं विवाह योग्य दोनों, तब मात-पिता को हुआ भान।।

२४
तरुणाई देख हृदय डोले, प्रभु ने दोनों के दृग खोले।
वय देख विवाह योग्य उनकी, दोनों से मात-पिता बोले।।

२५
"हम खोज यथाबल समुचित वर, पुत्रियों ! विवाह तुम्हारा कर।
उत्तरदायित्त्व निभा डालें, जाये स्कंधों से भार उतर।।"

२६
बोलीं गंभीर, पुलक ललिता, बोली हँसकर लक्ष्मी मुदिता।
"तुम रखो नहीं दुविधा मन में, चिंता न करो हे मात-पिता।।

२७
मन में न हमारे संशय है, अवशेष न कोई भी भय है।
हम नहीं करेंगी विवाह मां ! हम दोनों का ही निश्चय है।।

२८
है स्मरण हमें गत जीवन का, अपने उस उद्धारक जन का।
जिसके छूने से हमें मिला, उपहार आज मानव तन का।।

२९
है यही कामना अब तो वर, पूरी कर दे जो परमेश्वर।
रामावतार यदि मिल जाये, तो हो जाये जीवन सुखकर।।

३०
आज्ञा हो तो दोनों जायें, मां ! तीर्थ यात्रा कर आयें।
हो जाए धन्य जीवन यदि कहीं, हमें वह वैष्णव मिल जाये।।"

३१

सुन, मात-पिता ने हां कह दी, जाने की तैय्यारी कर दी।
कर चरण-वन्दना दोनों की, ललिता-लक्ष्मी घर से चल दीं।।

३२

भजते-भजते हरि अविनाशी, व्रत रखने से भूखी-प्यासी।
मंदिर-मंदिर दर्शन करतीं, चलत-चलते पहुंचीं काशी।।

३३

साधना-सार मिल गया उन्हें, सब सुख अपार मिल गया उन्हें।
हो गई सफल उनकी यात्रा, रामावतार मिल गया उन्हें।।

३४

दोनों ने चरण-वन्दना की, वैष्णव से विनय - याचना की।
हैं धन्य आप हे संतराज ! जो दूर अनन्त वेदना की।।

३५

वैष्णव बोला - हैं कौन आप? मुख पर छाया अदभुत् प्रताप।
पहचान न पाता हूँ, मेरी पूजा कर, आप न करें पाप।।

३६

"जो जैसा, वैसा मान लिया, है हमने सच को जान लिया।
प्रभु ! नहीं जान पाये हमको, पर हमने है पहचान लिया।।"

३७

"देवियों ! मुझे बतलाओ तुम, असमंजस नहीं बढ़ाओ तुम।
हैं कौन ? कहां से आई हैं ? क्या आशय ? कुछ समझाओ तुम।।"

३८

ललिता-लक्ष्मी ने समझाया, वह समय-स्थान स्मरण करवाया।
गत जीवन की उद्धार कथा को, सविस्तार तब बतलाया।।

३९
बेरी की देह मुक्त होकर, है जन्म लिया ब्राह्मण के घर।
आपकी कृपा का ही फल है, अब बहुत सुखी हैं हम प्रभुवर !!

४०
सुन सुखी हुआ रामावतार, उर उग आई करुणा अपार।
क्या सेवा करूं तुम्हारी मैं, हे देवि-द्वयी ! फिर एक बार।।

४१
ब्राह्मण हो, ब्रह्मा का मुख हो, देवी समान स्थित सम्मुख हो।
अपना दर्शन देकर जग का, कर सकती दूर सभी दुःख हो।।

४२
ललिता-लक्ष्मी बोलीं यतिवर ! हम आज मांगने आये वर।
गीताजी का अध्याय चतुर्थ का दान करो फल हमें प्रवर।।

४३
हम तज पायें मानव देही, पा जायें दिव्य देव-देही।
टूटें आवागमन चक्र से हम, हे भक्तराज ! श्री हरि-स्नेही।।"

४४
रामावतार ने वही किया, अध्याय चतुर्थ का पाठ किया।
चिर संचित पुण्य-कोष से निज, मनवांछित फल का दान किया।।

४५
बोला विनम्र रामावतार, हे देवि ! न कोई कर विचार।
छुट आवागमन चक्र से अब, पाओ श्रीहरि का अमित प्यार।।

४६
आखिर वह पुण्य घड़ी आई, गद्गद् हो आंखें भर आईं।
पाकर वरदान वैष्णव से, दोनों ने देव-देह पाई।।

४७

अम्बर से आ पहुंचा विमान, ललिता-लक्ष्मी चढ़ ससम्मान।
दे धन्यवाद वैष्णव को, किया पुनीत हरि-स्थली को प्रस्थान।।

४८

रामावतार हो नत ललाट, पूजता हृदय में हरि विराट।
मन-वचन-कर्म से गीता का, पुनि करने लगा अखण्ड पाठ।।

४६

किसको पहले भी मान मिला, गीता का उत्तम ज्ञान मिला।
अध्याय चतुर्थ बताता है, अर्जुन को क्या वरदान मिला।।

५०

उद्धार-रहस्य बताता है, हर भूत-भविष्य बताता है।
गीताजी का अध्याय चतुर्थ, अवतार-रहस्य बताता है।।

५१

प्रभु-रचित वर्ण आदिक विधान, कहलाता है क्या सत्य दान।
अष्टांग योग कहते किसको, पाता है श्रद्धावान ज्ञान।।

५२

जब-जब होता है धर्म-पतन, नैतिकता करती है क्रन्दन।
मानवता करती चीत्कार, होता शुचिता का क्रूर हनन।।

५३

सुन वेद, धेनु, भू की पुकार, सुनकर विप्रों का चीत्कार।
अवतरित सदा होते हैं प्रभु, करते हैं असुरों का सँहार।।

५४

क्या भक्त और प्रभु का नाता, क्यों देव-वृन्द पूजा जाता।
चारों वर्णों का सृष्टि-मर्म, क्या कर्म-अकर्म कहा जाता।।

५५

क्या कर्म–अकर्म–विकर्म रूप, क्या सच्चे पण्डित का स्वरूप।
क्या द्रव्य–ज्ञान–तप आदि यज्ञ, क्या होता भगवद् प्राप्ति रूप।।

५६

है ज्ञान चक्षु ही खुल जाता, हर कलुष स्वयं ही धुल जाता।
मिल जाता प्रभु तक का स्वरूप, अध्याय चार का फल पाता।।

समाप्त

पांच

आचरणवान साधु

(भगवद् गीता माहात्म्य पंचम अध्याय से सम्बन्धित महाकवि आदेश का खण्ड-काव्य)

"आचरणवान साधु" नामक इस खण्ड काव्य का कथानक श्रीमद् भगवद् गीता के पांचवे अध्याय से सम्बन्धित है। इसमें श्री हरि द्वारा लक्ष्मी जी को सुनाई गई पिंगल नामक एक ब्राह्मण की कथा वर्णित है। कथा इस प्रकार है : पिंगल नामक एक ब्राह्मण था जो कुसंग के कारण अत्यन्त भ्रष्ट हो गया था। वह हर संभव दुष्कर्म करता था। अंत में एक दिन वह किसी दूर प्रदेश को चला गया और एक राजा के यहां नौकर बनकर काम करने लगा। उसने वहां बेईमानी और चालाकी से अकूत धन जोड़ लिया। उसने एक अत्यन्त सुन्दर स्त्री से विवाह भी कर लिया। वह स्त्री अत्यन्त दुराचारिणी थी। अंत में उसके दुराचार का पर्दाफाश हुआ और पिंगल ने उसे बहुत मारा। उसने क्षमा मांगी तो पिंगल ने उसे क्षमा भी कर दिया। किन्तु उस नारी ने मन में बदला लेने की ठान ली। और एक दिन उसने अपने को बचाकर अपने पति पिंगल को कालकूट विष पिला दिया, जिससे वह तुरन्त मर गया। अगले जन्म में पिंगल को गिद्ध तथा उस कुलटा नारी को तोती का जन्म मिला। वह एक तोते की पत्नी बनकर वन में रहने लगी। तोती को अपने पिछले जन्म की स्मृति थी। वह

अपने कुकर्मों पर पश्चाताप करती थी। एक दिन उसने तोते से पूंछा कि उसे किस अपराध के कारण तोते का जन्म मिला? तोते ने कहा - मैं पिछले जीवन में एक ब्राह्मण था। मैं अपने पूज्य गुरु की अवज्ञा करता था। एक दिन गुरुजी ने तोता होने का शाप दे दिया। तत्पश्चात् तोते ने तोती से उसके तोती का जन्म मिलने का कारण पूंछा। उसने अपनी सारी गाथा निःसंकोच बतला दी। यद्यपि तोते ने उसे क्षमा कर दिया, किन्तु होनी होकर ही रहती है। एक दिन जब तोती पेड़ पर एकाकी ही थी कि कहीं से गिद्ध उड़ता हुआ आ पहुंचा। उसने तोती को तुरन्त पहचान लिया और उस पर आक्रमण कर दिया। तोती अपनी रक्षा के लिए उड़कर भागी। गीध ने पीछा किया। इस प्रकार दोनों ही उड़ते'-उड़ते बहुत दूर निकल गये। नीचे श्मशान भूमि थी, जहां एक साधु का दाह-कर्म हुआ था। साधु की देह तो जल चुकी थी परन्तु खोपड़ी अभी नहीं जल पाई थी। अनायास वहां पानी बरसने लगा और खोपड़ी बरसात के पानी से भर गई। तोती और गीध दोनों ही उस जल-भरी खोपड़ी में गिर पड़े और लड़ने लगे। दोनों ही लड़ते-लड़ते मर गये और अपनी-अपनी योनियों से मुक्त होकर स्वर्ग चले गये। लक्ष्मी जी ने उस खोपड़ी और जल का रहस्य पूंछा। श्री हरि ने बताया कि वह खोपड़ी एक गीता-पाठी महान संत की थी। वह जीवन भर नित्य गीता के पांचवें अध्याय का पाठन करता रहा था। अतएव उसमें पड़कर जल पवित्र हो गया और उस जल में नहाकर दोनों पक्षी भी पवित्र हो गये।

रचना काल : १७ दिसम्बर, १९८३ ई० ;श्री आदेश आश्रम
ट्रिनिडाड (वेस्ट इंडीज़)

आचरणवान साधु

१

लक्ष्मी से बोले नारायण, था पिंगल नाम एक ब्राह्मण।
पड़ कर कुसंग में भूल गया, वह धर्म-कर्म-व्रत-पारायण।।

२

सच्चे स्वधर्म से भ्रष्ट हुआ, उसका सद् विवेक नष्ट हुआ।
मछली, मदिरा औ मासं आदि खा, भोगों प्रति आकृष्ट हुआ।।

३

हो गया काम के वशीभूत, बन गया क्रोध का राजदूत।
हो गया इन्द्रियों का गुलाम, हो गईं भावनायें अपूत।।

४

"तुम ब्राह्मण-कुल के दीपक हो, सद् धर्म-कर्म के रक्षक हो।
वेदों का पठन और पाठन तज करते काम निरर्थक हो।।"

५

सबने कितना ही समझाया, पर उसकी समझ नहीं आया।
तब मात-पिता औ बंधु-बांधवौं, सबने उसको ठुकराया।।

६

वह दम्भी बान न तोड़ सका, तामसी स्वभाव न छोड़ सका।
बेईमानी, छल, कपट, जुआ से, कभी न मुख को मोड़ सका।।

७
उसने न किसी का भला किया, जो किया हमेशा बुरा किया।
आख़िर को एक दिन नगर छोड़, वह दूर देश को चला गया।।

८
एक राजा का नौकर बनकर, नित प्रति नव चालाकी चलकर।
चुगलियां किया करता सबकी, सबसे ही रिश्वत ले लेकर।।

६
इस तरह बहुत धन जोड़ लिया, सबसे ही नाता तोड़ लिया।
दो चार लाख की बात नहीं, उसने धन करोड़ जोड़ लिया।।

१०
मिल गये सभी वैभव-विलास, बढ़ती ही गई परन्तु प्यास।
गुलछर्रे नित्य उड़ाता था, करके कितने ही शील नाश।।

११
नित रखवाली से चलता है, धर्म - उजियाली से चलता है।
बेकार किराये की नारी, घर घरवाली से चलता है।।

१२
आती न काम कुछ भी रखैल, मन में रखती है सदा मैल।
चुपके से खा जाती घर को, होती है सिद्ध सदा चुड़ैल।।

१३
कुछ लोगों ने जब समझाया, पिंगल को सत्य समझ आया।
जब आंख खुली देखा चहुँदिशि, सबको ही था स्वार्थी पाया।।

१४
फिर खोज बहुत सुन्दर बाला, उसने विवाह भी कर डाला।
पर मिला न सच्चा सुख उसको, बुझ सकी न अंतर की ज्वाला।।

१५
गरिमा देखी न आचरण की, कुल, संस्कृति, सद्गुण, शिक्षण की।
गोरे रँग को देकर महत्त्व, सुन्दरता देखी बस तन की।।

१६
जो नर-नारी भोगोन्मुखी, जिनका चित चंचल महादुखी।
जो विश्वसनीय समर्पित हों, वे पति-पत्नी ही महासुखी।।

१७
कहने को तो सद्शीला थी, लेकिन सच में दुश्शीला थी।
पति के समक्ष कुछ और, मगर पीछे अदभुत ही लीला थी।।

१८
पर पुरुषों पर मन रखती थी, घर पर आमंत्रित करती थी।
जो भी फंस गया, फांस उसको, व्यभिचार सदा ही करती थी।।

१६
एक दिन में समय बदल कर नित, कितने ही जन कर आकर्षित।
करती थी अपनी मनमानी, सच कर विचार अपने कलुषित।।

२०
पति-सन्मुख दृग जल भरती थी, बन अक्षय प्यार बरसती थी।
विश्वास जीत कर पिंगल का, वह कुलटा मंगल करती थी।।

२१
फल था गत कार्य कलापों का, सब धर्म-विरुद्ध प्रलापों का।
व्यभिचारिन पत्नी मिली कि फल पिंगल के पिछले पापों का।।

२२
पिंगल तन-मन-धन से निसार, नित ही करता था अति दुलार।
अपनी पत्नी को करता था, प्राणों से भी बढ़ अधिक प्यार।।

२३
होते न झूठ के पांव कभी, वैलासिकता छुपती न कभी।
सच एक दिन सम्मुख आता है, चलती न पाप की नाव कभी।।

२४
छुप अधिक न उसका छल पाया, यह नाटक अधिक न चल पाया।
जब ज्ञात रहस्य हुआ उसको, पिंगल पागल सा घर आया।।

२५
अपमानित जब हो गई प्रीति, वह भूल गया सब रीति-नीति।
ले बेंत बहुत मारा उसको, क्रोधित हो अपनाई अनीति।।

२६
भूली पल भर में भोगवाद, रह-रह कर करती रुदन नाद।
जब मार पड़ी बेहद उसकी, आ गया छठी का दूध याद।।

२७
पिंगल सँग नहीं रार ठानी, सब भूल गई आनाकानी,
दिख गये सितारे दिन में ही, आ गई याद उसको नानी।।

२८
झुकते खल डंडे के आगे, हैं बड़े-बड़े पानी मांगें।
बातों से नहीं मानते सुर, लातों से सकल भूत भागें।।

२९
करती थी रह-रह चीत्कार, मांगती क्षमा कर-कर पुकार।
था पिंगल को पर होश नहीं, अंधा होकर था रहा मार।।

३०
विनती करते नौकर-चाकर, रोका पड़ोसियों ने आकर।
पिंगल तब कुछ चैतन्य हुआ, पत्नी को छोड़, गया बाहर।।

३१
विनती की रह-रह पत्नी ने, विश्वास दिलाया पत्नी ने।
पिंगल ने मन से मॉफ किया, जब क्षमा मांग ली पत्नी ने।।

३२
पर यह पत्नी का अभिनय था, उसके उर भरा अति अनय था।
थी घृणा, रोष, प्रतिशोध भरा, जीवन जाने का भी भय था।।

३३
कितना रोये, उच्छवास भरे, क़समें खाये, बकवास करे।
व्यभिचारी पति या पत्नी का, कोई न कभी विश्वास करे।।

३४
अपने को विधि से बचा-बचा, पत्नी ने एक षडयंत्र रचा।
दे कालकूट विष पिंगल को, प्रतिशोध ले लिया प्रलय मचा।।

३५
पिंगल ने गीध जन्म पाया, पर गत को नहीं भुला पाया।
कुछ दिन पश्चात् मरी पत्नी, उसने तोती का तन पाया।।

३६
इस विधि तोती का तन पाकर, मन ही मन में अति पछताकर।
रहती थी घने जंगलों में, एक तोते की नारी बनकर।।

३७
एक दिन तोती ने पूंछ लिया, तुमने क्या था अपराध किया?
जो जन्म मिला है तोते का, बोलो, ऐसा क्या नाथ ! किया?

३८
तोता बोला-बतलाता हूँ, सारा रहस्य समझाता हूँ।
मैं विगत जन्म में ब्राह्मण था, कर याद बहुत पछताता हूँ।।

३९
मेरे गुरु थे विद्वान प्रखर, विद्या के थे भण्डार अमर।
पर मैं न मानता था आज्ञा, स्वच्छन्द घूमता इधर-उधर।।

४०
मैं नित नादानी करता था, हर पल शैतानी करता था।
था डरता नहीं किसी से भी, अपनी मनमानी करता था।।

४१
मैं पाठ-उपेक्षा करता था, पर मान-अपेक्षा करता था।
मैं प्रश्न पूंछ अटपटे विकट, गुरु-ज्ञान परीक्षा करता था।।

४२
जब भी गुरु पाठ पढ़ाते थे, अन्यों को कुछ समझाते थे।।
मैं टाँग अड़ाता बोल बीच में, गुरु क्रोधित हो जाते थे।।

४३
गुरुजी ने कितना समझाया, था प्रेम अपरिमित दर्शाया।
फटकारा, दण्ड दिया कितना, पर मेरी समझ नहीं आया।।

४४
मैंने गुरु को जो ताप दिया, उनके मन को संताप दिया।
तोता हो अन्य जन्म में तू, गुरुजी ने एक दिन शाप दिया।।

४५
इतना कह कर तोता बोला, अपना रहस्य मैंने खोला।
पर तूने क्या दुष्कार्य किया? तोती का तुझे मिला चोला।।

४६
मैं एक ब्राह्मणी नारी थी, पति की अत्यन्त ही प्यारी थी।
मुझको था अतिशय रूप गर्व, मैं अहंकार की मारी थी।।

४७

मैं ही सुन्दरतम नारी थी, बस मुझे प्रशंसा प्यारी थी
पाकर कुसंग थी भटक गई, बन गई एक व्यभिचारी थी।।

४८

पति ने कितना ही समझाया, डाँटा-फटकारा दुलराया।
पर मैंने सदा अवज्ञा की, इसलिए उसे गुस्सा आया।।

४६

मुझको एक दिन इतना मारा, मुझ पर न बचा कोई चारा।
अवसर पाकर प्रतिशोध लिया, दे ज़हर उसे मैंने मारा।।

५०

मेरे पापों का वृक्ष फला, जब देह छुटी तो नर्क मिला।
कितने रौरव नरकों को सह, अब तोती का है जन्म मिला।।

५१

सुनकर तोते का मन डोला, उसने गुस्से से मुँह खोला।
डाली फिर नज़र अविश्वासी, संयत होकर तोता बोला।।

५२

"बाहर से बहुत खरी है तू, लगता है सुधा भरी है तू।
अन्दर से लगता है अब भी, सचमुच में बहुत बुरी है तू।।"

५३

तोती बोली "ऐसा न कहो, हे नाथ ! भ्रान्ति में नहीं बहो।
मैं हूँ पतिव्रता सहचरी अब, विश्वास करो, प्रिय ! संग रहो।।

५४

मेरे जो भी अपराध रहे, उनके हित क्या-क्या क्लेश सहे।
यंत्रणा भोग कर नरकों की, आंखों से कितने अश्रु बहे।।

५५
अब है मेरा तन-मन पवित्र, हो गया विमल मेरा चरित्र।
तुम स्वामी और सेविका मैं, मुझको मत समझो दुश्चरित्र।।"

५६
तोता बोला-"अब भूल विगत, प्रिय ! वर्त्तमान का रख लें पत।
अब नहीं करेंगे पाप कर्म, आओ, लें यावज्जीवन व्रत।।

५७
यूं दोनों सुख से रहते थे, हर बात परस्पर कहते थे।
जंगल में मंगल मना नित्य, सुख की सरिता में बहते थे।।

५८
एक दिन तोती थी एकाकी, आधा दिन अभी रहा बाक़ी।
आ गया अचानक गीध वहां, थी माया भाग्य-विधाता की।।

५९
था तुरत गीध पहचान गया, तोती को पल में जान गया।
पहचान सकी तोती न किन्तु, पर समझ गई अब प्राण गया।।

६०
झपटा तोती पर गीध अपल, तोती उड़ चली लगा सब बल।
आगे तोती थी पीछे गिद्ध, था एक क्रुद्ध, एक भय आकुल।।

६१
उड़ते-उड़ते तोती थक कर, गिर पड़ी अवश होकर भू पर।
वह थी श्मशान की भूमि प्रिये ! जाती नर देह जहां मर कर।।

६२
हर विधि का था निर्वाह हुआ, था एक साधु का दाह हुआ।
थी देह जल गई किन्तु शीर्ष का पूर्ण न अभी प्रदाह हुआ।।

६३

वर्षा-जल से खोपड़ी भरी, तोती थी उसमें आन गिरी।
इतने में आया गीध वहां, तोती थी बेबस जहां पड़ी।।

६४

था गिद्ध लगा करने प्रहार, तोती बच जाती बार-बार।
दोनों विहगो की देह धुली, उस कपाल-जल से इस प्रकार।।

६५

तोती कब तक बच सकती थी, घातक प्रहार सह सकती थी।
पर लड़ी गीध को घायल कर, जितना भी वह कर सकती थी।।

६६

लड़ते-लड़ते दोनों ही खग, आहत हो छोड़ गये यह जग।
मर अधम योनि से मुक्त हुये, खुल गया तुरन्त स्वर्ग का मग।।

६७

तब स्वर्ग लोक से प्रिय महान, उनको लेने आया विमान।
दोनों जिस पर चढ़ चले गये, हँसते-हँसते बैकुण्ठ स्थान।।

६८

लक्ष्मी जी ने पूंछा - भगवन ! शंका से पूर्ण हुआ है मन।
खोपड़ी और जल का रहस्य, अविदित है अब तक नारायण !!

६९

नारायण बोले यूँ हँसकर, जिस महासंत का था वह सर।?
अध्याय पांचवां गीता का, उसने था पढ़ा भक्ति से भर।।

७०

शिक्षा को मन से ग्रहण किया, समझा-बूझा आचरण किया।
गीता-प्रतिपादित सिद्धान्तों का पालन था आमरण किया।।

७१

पंचम अध्याय पाठ कर-कर, हो गया पवित्र साधु का सर।
वर्षा-जल परम पुनीत हुआ, खग हुये धन्य जिसमें गिर कर।।

७२

गंगा में स्नान करे जो भी, (फिर)पंचम अध्याय पढ़े जो भी।
हो जाता है तन-मन पवित्र, होता न अपावन मर कर भी।।

७३

क्या कर्मयोग, सन्यास योग, कर्मों से कैसे छुटें लोग?
अध्याय पांचवां बतलाता, क्या कर्मों का सन्यास योग?

समाप्त

छः

देवव्रती रैय्यक ऋषि

(भगवद् गीता माहात्म्य षष्ठ अध्याय से सम्बन्धित महाकवि आदेश का खण्ड-काव्य)

"देवव्रती रैय्यक ऋषि" नामक इस खण्ड काव्य का कथानक श्रीमद् भगवद् गीता के छठे अध्याय से सम्बन्धित है। इस लघु खण्ड काव्य में श्री नारायण द्वारा लक्ष्मी जी को सुनाई गई दक्षिण भारत के धर्मवीर राजा जनश्रुति की कथा का वर्णन किया गया है। कथा इस प्रकार है : दक्षिण भारत में गंगा नदी की तरह ही पवित्र तथा महिमा वली नदी गोदावरी बहती है। उसके तट पर एक नगर बसा हुआ था, जहां जनश्रुति नामक एक अत्यन्त धर्मिष्ठ तथा लोकप्रिय राजा राज्य करता था। एक दिन उसकी नगरी में उड़ते हुए कुछ हंस आ पहुंचे। उनमें से कुछ हंस कैलाश-धाम तो कुछ हरि-धाम जा रहे थे। वे मार्ग में थक कर मन्दिर की चहारदीवारी पर कुछ पल विश्राम करने के लिए बैठ गये। उनमें से एक हंस उड़ जाने के लिए अत्यन्त आतुर था और रह-रह कर अपने पंख फड़फड़ा रहा था। मन्दिर के महन्त ने परिहास में कह दिया-"हे हंस ! ऐसी जल्दी क्या है? क्या तुम राजा जनश्रुति से पहले ही स्वर्ग पाना चाहते हो? क्योंकि हमारा राजा जनश्रुति ही स्वर्ग पाने का प्रथम अधिकारी है। "इस पर हंसो

के नायक ने कहा –"देवव्रती रैय्यक ऋषि के सामने तुम्हारे राजा का तप कुछ भी नहीं है। अतः स्वर्ग पाने का प्रथम अधिकारी वही ऋषि है। "हंसों तथा महन्त को यह पता नहीं था कि उनकी बातचीत को राजा जनश्रुति भी सुन रहा था। राजा जनश्रुति ने विचार किया और अपना रथ लेकर रैय्यक ऋषि से मिलने के लिए चल पड़ा। अंत में वह कितने ही कष्ट उठाकर देवव्रती रैयक ऋषि के स्थान पर पहुंच ही गया। राजा जनश्रुति ने भक्तिपूर्वक अभिवादन करके उनसे उनके तप का रहस्य पूंछा। उन्होंने बताया कि मैं भगवद् गीता के छठे अध्याय का पठन करता हूँ और उसी के अनुसार आचरण करता हूँ। रैय्यक ऋषि की बातें सुनकर जनश्रुति राजा के अन्तर्नयन खुल गये। उसने अपने ज्येष्ठ पुत्र को बुलवाया और उसे अपना समस्त राजपाट देकर तीर्थों के लिए प्रस्थान किया। अंत में छठे अध्याय में पारंगत होकर मोक्ष प्राप्त किया।

रचना काल : २७ दिसम्बर, १९८५ कनाडा

देवव्रती रैय्यक ऋषि

१

नारायण लक्ष्मी से बोले, देता हूँ आज भेद खोले।
दक्षिण भारत में धर्मवीर, जनश्रुति राजा थे, अति भोले।।

२

गंगा सी गोदावरी सरित, जिसके तट पर था नगर रचित।
सुख-वैभव का था साम्राज्य, थे सभी निवासी निर्मल चित।।

३

घर-घर में यज्ञ-याग होते, गुंजित नित नये राग होते।
वेदोपनिषद की चर्चा से, जन-जन के चित प्रयाग होते।।

४

मंत्रोच्चार करते - करते, अन्तर - विहार करते - करते।
आ पहुंचे नगरी में सहसा, कुछ हंस प्रिये ! उड़ते - उड़ते।।

५

मन्दिर की चार-दिवारी पर, मुंडेरों और किनारी पर।
विश्राम हेतु कुछ बैठ गये, महलों की रुचिर अटारी पर।।

६

कुछ जाते थे कैलाश धाम, कुछ जाते थे बैकुण्ठ धाम।
कुछ जाते स्वर्ग लोक को, सबका लक्ष्य मगर था मुक्ति धाम।।

७
ले निर्मल नूतन गहन लगन, मन ही मन करते ईश-भजन।
थे तीर्थ यात्रा पर निकले, करते थे भगवद्-गुण-कीर्त्तन।।

८
पर एक हंस होकर अधीर, फड़फड़ा रहा था पंख चीर।
उड़ने को आकुल था रह-रह, तन पुलकित, दृग में भक्ति-नीर।।

६
बोला तब मन्दिर का महन्त, ऐसी जल्दी क्या विहग-कंत!
क्या जनश्रुति नृप से पहले, पाना इच्छित, स्वर्ग तुम्हें अनन्त?

१०
हे हंस ! हमारा नृप महान, है धर्म धुरन्धर गुण-निधान।
सबसे पहला अधिकारी है, पायेगा स्वर्ग, कृपा-निधान।।

११
इसलिये न हो तुम उतावले, विश्राम करो कुछ वृक्ष तले।
पहले जनश्रुति को जाने दो, फिर तुम भी जाना स्वर्ग चले।।

१२
बोला हँस हंसों का नायक, कल्पना यद्यपि यह सुखदायक।
पर सच न सहन होगा तुमसे, हे महन्त ! होगा दुःख-दायक।।

१३
जनश्रुति से बढ़कर पुण्यवान, रैय्यक ऋषि हैं जग में महान।
इसलिये मिलेगा प्रथम उन्हें, उनका मनचाहा स्वर्ग स्थान।।

१४
हंसों को बिलकुल भान न था, सपनों में भी अनुमान न था।
राजा जनश्रुति सब सुनता था, उस महन्त को भी ज्ञान न था।।

१५

राजा ने सुना, विचार किया, सच को सहर्ष स्वीकार किया।
रैय्यक ऋषि का है पुण्य बड़ा, तन-मन से अंगीकार किया।।

१६

जिसकी स्तुति करते हंसराज, होगा पुण्यों का महाराज।
ऐसे ऋषि का दर्शन करना, सचमुच में होगा पुण्य काज।।

१७

सारथी तुरत ही बुलवाया, राजा ने रथ को जुतवाया।
तीर्थों की तीर्थ महाकाशी की ओर यान को चलवाया।।

१८

काशी जा गंगा-स्नान किया, संध्या, व्रत, जप, तप, ध्यान किया।
कर विश्वनाथ जी के दर्शन, राजा ने जी भर दान किया।।

१६

पूंछा हर साधु-संत जन से, पूंछा हर भक्त महाजन से।
रैय्यक ऋषि का चल सका पता, पर रंच न सज्जन-दुर्जन से।।

२०

जनश्रुति प्राची की ओर चला, दक्षिण-पश्चिम की ओर चला।
थक गया यत्न कर-कर अनेक, पर ऋषि का कहीं न पता चला।।

२१

थी दिशा शेष केवल उत्तर, चल दिया सोचकर यह नृप वर।
शायद अभिलाषा पूरी हो, मिल जाये उत्तर में उत्तर।।

२२

भर भक्ति-भाव से विनत माथ, वह पहुंचा चलकर बद्रिनाथ।
रुक गया अचानक स्वयं यान, तब लगा सोचने महीनाथ।।

२३
पूरब देखा, पश्चिम देखा, दक्षिण दिशि का कण-कण देखा।
नैऋत, वायव्य, अग्नि, ईशान् दिशाओं का तृण-तृण देखा।।

२४
की प्रदक्षिणा धरती मां की, पर कहीं न रथ की चाल रुकी।
रुक गया यान इस स्थल पर आ, क्यों आज हयों की गति अटकी?

२५
उल्लास हो रहा है मुझको, आभास हो रहा है मुझको।
है यहीं कहीं वह पुण्यात्मा, विश्वास हो रहा है मुझको।।

२६
उसके पुण्यों का ही है फल, हो गया प्रबलतम यान अचल।
नृप तुरत उतर रथ से अपने, चल दिया खोजने ऋषि पैदल।।

२७
ऊंचे पर्वत, गहरी घाटी, द्रुत गति निर्झर, फिसले माटी।
था ऊबड़-खाबड़ दुर्गम पथ, ज्यूं जन्म-मृत्यु की परिपाटी।।

२८
थी मोड़-मोड़ पर मृत्यु खड़ी, पग-पग पर थी चट्टान अड़ी।
साहस कर चलता रहा सतत्, आ पहुंची तभी अभीष्ट घड़ी।।

२९
जो अविरल चलते रहते हैं, कहते न, सत्य में करते हैं।
प्रिय ! स्मरण रखो, वे ही जग में, मंज़िल पर सदा पहुचते हैं।।

३०
ऊंचे शिखरों में विजन स्थान, सुनसान, मात्र हो आसमान।
एक गगन-चुम्बिनी चोटी पर, कन्दरा एक थी ज्योतिमान।।

३१

नीरव निश्चल निश्चेष्ट व्रती, बैठा था सम्मुख आत्म-रती।
था प्रखर तेज जिसका मानो, मार्तण्ड समान, महान यती।।

३२

नृप ने दण्डवत् नमन करके, विधिवत ऋषि अभिवादन करके।
करबद्ध प्रार्थना की सविनय, चरणों में अभिवन्दन करके।।

३३

"इस अंध गुहा में रवि समान, पूंछा, प्रभु ! कैसे ज्योतिमान?
हैं वसुन्धरा पर टिके हुये, निर्मल मन जैसे आसमान।।

३४

प्रभु ! मुझे बतायें आप कौन? कर रहे तपस्या यहां मौन।
आलोकित है जिसके तप से, यह बद्रिनाथ का गुहा-भौन।।"

३५

सुन नृप के वचन, अधर खोले, यति ने निज उभय नयन खोले।
"मैं रैय्यक ऋषि हूँ पृथ्वीनाथ !" मृदु स्वर में यूं ऋषिवर बोले।।

३६

तुम जनश्रुति राजा हो महान, करता सारा जग यशोगान।
सद्धर्म संस्कृति के रक्षक, करते गो, गुरु का सदा मान।।

३७

आओ ! आओ ! बैठो समीप, स्वीकार करो स्वागत-प्रदीप।
पूंछो जो भी जिज्ञासा हो, संकोच करो मत तुम महीप ।।"

३८

राजा ने पुनि-पुनि नमन किया, सविनय ऋषिवर से प्रश्न किया।
"कैसे पाया प्रताप रवि - सम? कैसे अपने को जीत लिया?"

३६
सुनकर रैय्यक मुनि मुस्काये, हँस मर्म तेज के बतलाये।
होकर प्रसन्न जनश्रुति नृप को, विधि-विधान के सँग समझाये।।

४०
"गीता का षष्ठाध्याय पाठ, करता हूँ नित नत कर ललाट।
आलोक कन्दरा में जिसका, नृपवर ! रहता है नित विराट।।

४१
जो छठाध्याय का पठन करे, पढ़कर के चिन्तन-मनन करे।
गुरु-चरणों में रह समझ मर्म, सिद्धान्तों का अनुगमन करे।।

४२
हर मनवांछित पा जाता है, जग-जीवन पर जय पाता है।
मिल जाता परम लक्ष्य उसको, जो गीता-पथ अपनाता है।।"

४३
नृप मन में भावारोह हुआ, सहसा अदभुत विद्रोह हुआ।
अनुराग गया, वैराग्य जगा, पल में विनष्ट हर मोह हुआ।।

४४
अपने बेटे को बुलवाया, विस्तार-पूर्वक समझाया।
सब राज-पाट धन-धाम त्याग, निर्वेद पंथ को अपनाया।।

४५
बोला- तीर्थों को जाता हूँ, प्रभु-पद में शीश नवाता हूँ।
रैय्यक मुनि द्वारा बतलाया, गीता का पथ अपनाता हूँ।।"

४६
इतना कह नृप ने गमन किया, रैय्यक मुनि-पद में नमन किया।
अध्याय छठा गीता जी का, आरम्भ नित्य ही पठन किया।।

४७

षष्ठाध्याय का ज्ञान हुआ, नृप, ऋषिवत् ज्योतिर्मान हुआ।
हो त्रिकालदर्शी, महायती, वह भूत - भविष्यत जान गया।।

४८

साधना सत्य फलती आई, जनश्रुति ने थी समाधि पाई।
कर भगवद् - स्मरण देह त्यागी, जब महा विदा बेला आई।।

४६

आये लेने स्वर्गिक विमान, राज को तत्क्षण ससम्मान।
बैकुण्ठ धाम ले गये उसे, दिव्याभा से कर दीप्तिमान।।

५०

जग भर में उच्च ललाट करे, व्यक्तित्त्व सदैव विराट करे।
पाता है मोक्ष प्रिये ! जो भी षष्ठाध्याय का पाठ करे।।

५१

क्या कर्मयोग? क्या सांख्य योग? क्या कहलाता है ध्यान योग?
है योग आत्म-संयम का क्या? आहार-विहार चरित्र योग?

५२

है व्यक्ति स्वयं का स्वयं मित्र, है व्यक्ति स्वयं निज का अमित्र।
जिसने जीते मन-इन्द्रियादि, निज मित्र वही अथवा अमित्र।।

५३

तन-मन-संकल्पों का नाता, नर कैसे संयम कर पाता।
कैसे संभव है ध्यान योग, अध्याय छठा है बतलाता।।

समाप्त २७.१२.१६८५ कनाडा

सात

शवदहन-स्थान

(भगवद् गीता माहात्म्य सप्तम अध्याय से सम्बन्धित महाकवि आदेश का खण्ड-काव्य)

"शवदहन-स्थान" नामक इस लघु खण्ड काव्य का कथानक श्रीमद् भगवद् गीता के छठे अध्याय से सम्बन्धित है। इस काव्य में श्री नारायण द्वारा लक्ष्मी जी को सुनाई गई ईमानदार संकुकर्ण वैश्य की कथा का वर्णन किया गया है। कथा इस प्रकार है : पटेलनगर में एक अत्यन्त प्रतिष्ठित और ईमानदार वैश्य रहता था, जिसका नाम संकुकर्ण था। वह दूर-दूर तक व्यापार करने जाता था। उसकी पत्नी अत्यन्त सुन्दर और सुशीला थी। उसके चार पुत्र भी थे, जो आज्ञाकारी थे। वह एक बार अन्य व्यापारियों के साथ दूर स्थानों में व्यापार करने के लिए गया। उसका व्यापार बहुत सफल हुआ। उसने बहुत लाभ कमाया। जब वह लौट रहा था तो सांझ ढले सब व्यापारियों ने एक जंगल में अपने-अपने डेरे लगाये। संकुकर्ण का डेरा ज़िस स्थान पर था, वहां समीप ही सांपों की बांबी थी, जिसमें बड़े विषैले सर्प रहते थे। उनमें से एक सर्प ने सोते हुए संकुकर्ण को काट लिया, जिससे उसकी मृत्यु हो गई उसके साथियों ने किसी प्रकार उसका क्रिया-कर्म किया और उसकी धरोहर लेकर अपने नगर में वापस आ

गये। संकुकर्ण के पुत्र ने जब अपने पिता के विषय में पूंछा तो व्यापारियो ने सच्ची घटना का उल्लेख कर दिया और उसके पिता के छोड़े हुए एक करोड़ रुपये उसे दे दिए और कहा कि तुम्हारा पिता अवगति होकर मरा है, अतः उसकी गति करवा ले। उन चारों भाइयों ने उस धन में से कुछ का दान किया और शेष धन समान रूप से आपस में बांट लिया। सबसे बड़े बेटे ने एक व्यापारी से घटना–स्थल का पता चला लिया। उसने निश्चय किया कि जिस सर्प ने मेरे पिता के प्राण हरण किये हैं, मैं उसको मार डालूंगा। जब उसने अपने पिता के शवदहन का स्थान देखा तो उसकी आंखों से आंसू टपकने लगे। इसके बाद उसने वह स्थान देखा जहां सांपों की बांबी थी। वैश्य के ज्येष्ठ पुत्र ने कुदाल लेकर उस स्थान को खोदना आरंभ किया। जब छेद कुछ बड़ा हो गया तो उसमें से एक सर्प निकल आया। उस सांप ने लड़के से पूंछा – "तू कौन है? और हमें क्यों नष्ट करना चाहता है?" लड़के ने बताया कि मैं संकुकर्ण का बेटा हूँ। अपने पिता का बदला लेने आया हूँ। सांप यह सुनकर पहले तो डर गया फिर प्रसन्न हो गया। फिर उसने बेटे का नाम लेकर बुलाया और कहा, मैं ही तुम्हारा पिता संकुकर्ण हूँ। मुझे इस प्रकार मत मारो। अपितु, मुझे इस योनि से छुड़ाओ। सांप ने बताया कि जिस सर्प ने उसे काटा था, वह सांप केवल चार दिन ही जीवित रहा था। उसकी नागिन से ही मेरा जन्म हुआ। यह मेरे एक जन्म का नहीं, कई जन्मों के पापों का फल है। बेटे ने पूंछा – "आपको इस योनि से कैसे छुड़ाया जा सकता है?" सांप ने कहा–"यदि कोई गीता" पाठी हमें गीता पढ़कर सुनाये और आशीर्वाद दे

तो मैं इस योनि से छुट सकता हूँ। तब पुत्र अपने घर आया और गीता-पाठी ब्राह्मण को बुलवाकर सातवें अध्याय का पाठ करवाया। उसे सुनकर तथा ब्राह्मण से आशीर्वाद पाकर संकुकर्ण सर्प - योनि से छूट गया और बैकुण्ठ धाम चला गया।

रचना काल : १६ दिसम्बर, १६८३ ई०; श्री आदेश आश्रम ट्रिनिडाड़ (वेस्ट इंडीज़) टंकण नौ अक्तूबर दो हज़ार तीन ई० टोरॉन्टो,कनाडा ।

शवदहन-स्थान

१

नीलाम्बुज, कोमल, श्याम वरण, लक्ष्मी से बोले, नारायण।
माहात्म्य सुनाता हूँ देवी ! सप्तम अध्याय का करो श्रवण।।

२

था एक प्रसिद्ध पटेल नगर, जिसमें था एक वैश्य का घर।
थी संज्ञा जिसकी संकुकर्ण, वाणिज्य कला में परम चतुर।।

३

व्यापारी था ईमानदार, चलता था अच्छा कारोबार।
थी साख वैश्य दल में उसकी, था भक्त, बड़े शुभ थे विचार।।

४

भूले से कम न तोलता था, सबसे ही मधुर बोलता था।
सपनों में भी वह अन्यों के, प्रिय ! भेद न कभी खोलता था।।

५

था विनयशील, उर था उदार, दीनों को दे देता उधार।
बोलता सदैव विनम्र वचन, करता न कभी वाणी-प्रहार।।

६

दानी बन जाता कभी-कभी, रखता था व्रत भी कभी-कभी।
घर पर ही पूजा करता था, मन्दिर जाता था कभी-कभी।।

७

विप्रों का आदर करता था, पैसे के लिए न मरता था।
करता था धर्म-कर्म मन से, सुख से सर्वत्र विचरता था।।

८

पति परायणा पत्नी प्यारी, आती न जिसे दुनियांदारी।
तन-मन-धन से पति-अर्पित थी, अपने पति की थी अति प्यारी।।

६

थी प्रभु की अनुकंपा अपार, था धन -संपति का नहीं पार।
सुख से रहता था संकुकर्ण, थे उसके सुन्दर पुत्र चार।।

१०

सच में था वह एक सौदागर, उत्साही वीर चतुर नागर।
वह दूर - दूर तक नगरों में, व्यापार हेतु जाता बाहर।।

११

होनी होनी थी एक बार, विधि की पड़नी थी उसे मार।
वह गया वणिक-दल साथ पूर्ववत् लेकर सामग्री अपार।।

१२

था नक़द, न रंच उधार हुआ, था खूब सफल व्यापार हुआ।
सब माल बिक गया भली भांति, उसको था लाभ अपार हुआ।।

१३

जब लौट रहा था सार्थ साथ, उत्साह-पूर्वक पुलक गात।
चलते-चलते दिन डूब गया, आ पहुंची पथ में पुनः रात।।

१४

पा एक स्थान समतल रक्षित, रुक गया काफ़िला प्रेम सहित।
सबने अपना डेरा डाला, सो गये सभी थे प्रसन्न चित।।

१५
था संकुकर्ण का जो डेरा, बांबी का समीप था घेरा।
रहते थे जहां सांप ज़हरी, एक सर्प लगाता था फेरा।।

१६
यम-प्रेरित सर्प वहां आया, व्यापारी को सोते पाया।
कर लिया दंश, मर गया वणिक, प्रातः सबने सोता पाया।।

१७
चाहे कितना निष्पापी हो, चाहे कितना ही पापी हो।
हो संत, असंत, नृपति, याचक, कायर या वीर प्रतापी हो।।

१८
आ जाता काल समीप जभी, हो जाता भाग्य प्रतीप जभी।
यह देह त्याग जाना पड़ता, बुझ जाता जीवन-दीप जभी।।

१९
है काल किसी का नहीं सगा, किसको न मृत्यु का रोग लगा।
है कौन विश्व में ऐसा जिस को काल देव ने नहीं ठगा।।

२०
जब संकुकर्ण का निधन हुआ, भौतिक जग से चिर गमन हुआ।
प्रातः को देखा जिसने भी, आहत उसका मन-सुमन हुआ।।

२१
डस गया, देखकर, एक नाग, बुझ गया ज़िन्दगी का चिराग़।
करके प्रबन्ध अन्त्येष्टि हेतु, सबने मिलकर दी उसे आग।।

२२
सबने मिल कर शव-दहन किया, हर क्रिया-कर्म संपूर्ण किया।
ले राख चिता की कुछ सँग में, निज नगरी के प्रति गमन किया।।

२३

जब संगी-साथी लौटे घर, सुत ने पूंछा- है पिता किधर?
व्यापारी गण ने स्पष्ट कहा, वे सर्प-दंश से गये हैं मर।।

२४

ये एक करोड़ रुपए ले ले, तेरे हित उसने हैं छोड़े।
अवगती मरा है बेचारा, तू मृतक पिता की गति कर ले।।

२५

हो सर्प डसे की कैसे गति? कितने लोगों से ली सम्मति।
पंडित - शास्त्री के कहने पर, नारायण बलि भी की अर्पित।।

२६

धन बांटा, पहले दिया दान, चारों भ्राताओं में समान!
पर ज्येष्ठ पुत्र ने पूंछ लिया, एक व्यापारी से मृत्यु - स्थान।।

२७

जिस स्थल पर घटना घटित हुई, बतलाओ मुझको स्थान वही।
मैं उसी सर्प को मारूंगा, जिसके काटे से मृत्यु हुई।

२८

अब देर न करो, करो प्रयाण, निकले थे पितु के जहां प्राण।
था किया जहां शव-दहन-कर्म, दिखलाओ मुझको वही स्थान।।

२९

संभव न हुआ तुरन्त जाना, पर बेटे ने न रंच माना।
करता ही रहा निवेदन नित, उसने था जो मन में ठाना।।

३०

जब यात्रा का मौसम बदला, व्यापार हेतु था समय भला।
लेकर सामान वणिक दल का, उस ओर कारवां पुनः चला।

३१
शव-दहन स्थान था दिखलाया, था देख जिसे उर भर आया।
टप-टप-टप आंसू निकल पड़े, सबने ही उसको समझाया।।

३२
जो होना था, हो गया, न रो, इस तरह अधीर उदास न हो।
जो जन्मा उसका मरण अवश्य, दुःख की सरिता में अब न बहो।।

३३
व्यापारी जन ले गये वहां, सांपों की बांबी विकट जहां।
फिर ज्येष्ठ पुत्र लेकर कुदाल, खोदने लग गया यहां-वहां।।

३४
जब छेद बड़ा सा हो आया, बांबी से सांप निकल आया।
पूंछा लड़के से कौन है तू, करने क्यों नष्ट हमें आया?

३५
मैं संकुकर्ण का बेटा हूँ, सब भ्राताओं में जेठा हूँ।
जिसके दंशन से पिता मरा, उसके वध-हित आ बैठा हूँ।।

३६
सुन, पहले पल को गया कांप, फिर अति पुलकित हो गया आप।
ले नाम पुत्र का भर उसांस, बोला खुश होकर वही सांप।।

३७
तुम ज़रा ध्यान से सुनो कुंवर ! मैं ही हूँ तेरा पिता प्रवर।
मत मारो मुझे, छुड़ाओ तुम, इस अधम योनि से, सुत ! कुछ कर।।

३८
सुनकर निज नाम कुंवर चौंका, नज़रों को हुआ, लगे, धोखा।
तू कैसे मेरा पिता बता, है आकर मेरा पथ रोका।।

३९

लगता है तू मायावी है, करता यूं सदा खराबी है।
मैं हूँ सतर्क, मुझ पर कदापि, हो सकता कभी न हावी है।।

४०

सांसों के हर उद्यान लिया, हर जीवन का हर गान लिया।
तू ही कैसे बन गया सांप? तूने ही उसका प्राण लिया।।

४१

सुत, सुनो, तुम्हें बतलाता हूँ, यह सच्ची बात सुनाता हूँ।
जिसने काटा वह सर्प न मैं, पर, उसका कुलज कहाता हूँ।।

४२

वह मात्र जिया था दिवस चार, वह सर्प मर गया मुझे मार।
उसकी नागिन से जन्म हुआ, सुन, सुत! मत कर मेरा सँहार।।

४३

"तुमने तो पुण्यालाप किये, किंचित आलस न प्रलाप किये।
फिर कैसे सर्प योनि पाई? बोलो – तुमने क्या पाप किये?"

४४

"है एक जन्म का पाप न यह, है एक जन्म का शाप न यह।
संचित कर्मों का खाता है, है एक जन्म का ताप न यह।।

४५

थे पूर्व जन्म में किये पाप, डस गया मुझे जो एक सांप।
आ सर्प योनि में भोग रहा, जिनके कारण मैं महाताप।।

४६

है सर्प योनि अतिशय दुःखप्रद, हो सकती कभी नहीं सुखप्रद।
जो खाता–पीता विष बनता, विषमयी सांस लूं, सुनो सुहृद !!

४७

निज पत्नी और मित्रवर के, बेटों के, ग्राम औ नगर के।
विश्वास दिलाया बेटे को, फिर कुछ रहस्य बतला घर के।।

४८

बेटा बोला, ओ पूज्य पिता, मुझको दे कोई युक्ति बता।
जिससे तुझको तो मुक्ति मिले, हो जाए शान्त मेरी चिंता।।

४६

छुट जायेगा मेरा चोला, फिर रहे न चित डोला–डोला।
जैसा कहता यदि कर वैसा, धीरे से सांप पुनः बोला।।

५०

"तू गीता - पाठी ब्राह्मण को, दे तुरन्त भोज–निमंत्रण को।
घर बुला उसे भोजन करवा, सेवा कर, हटा आवरण को।।

५१

उस ब्राह्मण का आशीर्वाद, कर देगा हल मेरा विवाद।
सुनवा देना अध्याय सात, हो जाए दूर मेरा विषाद।।

५२

मैं वहीं किसी विधि सुन लूंगा, अपने पापों को धो लूंगा।
फिर इधर–उधर न योनियों में, हे सुत ! मैं कभी न भटकूंगा।।"

५३

तब ज्येष्ठ पुत्र निज घर आया, गीता–पाठी को बुलवाया।
सप्तम अध्याय पाठ सुन पूर्ण, भक्ति से भोजन करवाया।।

५४

दे दान और दक्षिणा प्रचुर, कर उसका मान और आदर।
इच्छा की पूर्ण पिता की निज, श्रद्धापूर्वक उसने सादर।।

६५

ब्राह्मण से पा आशीर्वाद, छुट सर्प योनि से निर्विवाद।
पितु जा पहुंचा बैकुण्ठ धाम, देता सुत को शत धन्यवाद।।

६६

सप्तम अध्याय ज्ञानमय है, हे सिन्धुसुते ! विज्ञानमय है।
दुर्लभ पाना भगवत् स्वरूप, यह भक्ति प्रधान ध्यानमय है।।

५७

भूतों का कारण प्रकृति परा, भूतों का हेतु प्रकृति अपरा।
कितने प्रकार के भक्त यहां, क्या भक्ति योग की परंपरा।।

५८

है किसका पूजन नाशवान?, किसका पूजन है मूल्यवान?
पूजन-उपासना का रहस्य, बतलाया इसमें है महान।।

५९

हैं श्रेष्ठ भक्त के क्या लक्षण, है दिये भक्ति के उदाहरण।
कैसे होती है ब्रह्म प्राप्ति, इसमें हैं; बोले नारायण।।

समाप्त

ट्रिनिडाड १८.१२.१९८३ ई.

आठ

कोप-भाजन

(भगवद् गीता माहात्म्य अष्टम अध्याय से सम्बन्धित महाकवि आदेश का खण्ड-काव्य)

"कोप-भाजन नामक" इस लघु खण्ड काव्य का कथानक श्रीमद् भगवद् गीता के आठवें अध्याय से सीघा सम्बन्ध रखता है। इस काव्य में श्री नारायण द्वारा लक्ष्मी जी को सुनाई गई सन्तान की इच्छा रखनेवाले महाधनी सुशर्मा ब्राह्मण की कथा का उल्लेख किया गया है। कथा इस प्रकार है : भारत के दक्षिण भाग में नन्दा नदी के तट पर सुशर्मा नाम का एक महाधनी और विद्वान ब्राह्मण रहता था। उसको केवल एक ही दुःख था कि उसके कोई सन्तान नहीं थी। उसने हर संभव प्रयत्न किया किन्तु सन्तान पाने में असफल रहा। अंत में वह कुछ तांत्रिको के चक्कर में पड़ गया। तांत्रिक ने उसे एक बकरे की बलि देने का परामर्श दिया, जिसे वह सहर्ष मान गया। उसने एक हट्टा-कट्टा बकरा खरीदा और विधिपूर्वक उसे खिला-पिलाकर और पूजन करके बलिवेदी पर बांध दिया। जब वह ब्राह्मण अपने हाथ में खडग लेकर स्वयं उस बकरे को मारने चला तो बकरा हो-हो कर हँस पड़ा। ब्राह्मण के पुनः पुनः पूंछने पर बकरे ने बताया कि पिछले जीवन में वह भी सन्तानहीन था। उसने भी इसी प्रकार

सारे प्रयत्न किये और अंत में एक तांत्रिक के कहने पर बकरे की बलि देने को तैयार हो गया। दैवयोग से उस दिन कोई भी बकरा नहीं मिला। अंत में एक सद्यजात बकरे को उसकी प्रसूता मां के सहित खरीद लिया और विधिवत् उस सद्यजात बकरे की बलि देने चला। बकरे की मां ने बहुत अनुनय-विनय की परन्तु मैं नहीं माना और अंत में उस बकरे की बलि चढ़ाकर वेदी को धो दिया। उधर वह बकरी मुझे शाप देकर अपने बच्चे के वियोग और शोक में वहीं मर गई । मेरे सन्तान न होनी थी, न हुई मैं भी मर कर जब यमराज के सामने गया तो मुझे उनका कोप-भाजन बनना पड़ा। उन्होंने मुझे घोर नर्क में डालने का आदेश दिया और कहा कि जैसे ही मेरा नर्क -वास समाप्त हो मुझे वानर की योनि मिले। वानर- योनि में मुझे एक बाजीगर ने खरीद लिया और मुझे भूखा-प्यासा रखकर डंडे के बल पर नचाया और भीख मँगवाई। वानर योनि के समाप्त होते ही मुझे कुत्ते का जन्म मिला। एक दिन मेरी एक हरकत पर स्वामी ने सोंटी लेकर मेरी खूब मार लगाई, जिससे मैं मर गया। फिर मुझे घोड़े का जन्म मिला। मालिक ने खूब सताया, काम लिया। अंत में दलदल में फंसने पर मार पड़ी और मेरी मरण घड़ी आ गई। इस प्रकार कई जन्म लेकर अब बकरे का जन्म मिला है। आज इस जन्म-मरण के चक्र से मुक्त होने का मेरा अंतिम दिन है। आज हर हाल में मेरी मौत होगी और में मुक्त हो जाऊंगा। बकरे की कथा सुनकर सुशर्मा के नेत्र खुल गये। उसने बकरे को नहीं मारा और मुक्त कर दिया। बकरे ने धन्यवाद देकर उसे सन्मति दी कि यदि सन्तान चाहते हो तो गीता के आठवें अध्याय का

नित्य पाठ करो। इससे ब्राह्मण के चक्षु खुल गये। उस ओर वह बकरा जंगल की ओर कुछ दूर ही चला होगा कि सहसा बादल घिर आये; बिजली गिरी और बकरा वहीं मर कर ढेर हो गया और उसे मुक्ति मिल गई।।

आदेश : रचनाकाल ३१.१२.१९८५ कनाडा

कोप-भाजन

१
लक्ष्मी से बोले नारायण, भारत में एक भाग दक्षिण।
नन्दा सरिता-तट बसे नगर में, रहता एक धनी ब्राह्मण।।

२
था नाम सुशर्मा महाधनी, कहलाता था विद्वान, गुणी।
होती थी पर सन्तान नहीं, इसलिए दुःखी थे पति-पत्नी।।

३
मिल गये एक तांत्रिकी संत, महिमा जिनकी थी दिग्-दिगन्त।
पूंछा नत, प्रश्न सुशर्मा ने, "कैसे समाप्त हो दुःख अनन्त।।

४
अधरों पर आते गान नहीं, अच्छा लगता धन - मान नहीं।
सारा यश वैभव है जग का, बस, पाई है सन्तान नहीं।।"

५
बोला तांत्रिक, "बकरा बलि दे, दुःख को यूं पूर्ण तिलांजलि दे।
देगी काली मां पुत्र तुझे, तू विधिवत् यूं श्रद्धांजलि दे।।"

६
ब्राह्मण होकर भी मान गया, सब भूल मान - अपमान गया।
सन्तान लोभ में पागल हो, बकरा बलि देना ठान लिया।।

७

क्रय कर एक बकरा उसे मिला, नहलाकर विधिवत् खिला-पिला।
बांधा बलि-स्थल पर, खाण्डा ले मारने चला, बकरा न हिला।।

८

ब्राह्मण के कर में देख खडग, बकरा हो होकर हँसा उमग।
ब्राह्मण ने पूंछा "ओ बकरे! हँस रहा देख क्यों मुझको, ठग।।"

६

यूं तो लगता था अति भोला, पर भय से रंच न मन डोला।
जब पूंछा पुनः ब्राह्मण ने, हँसते हँसते बकरा बोला।।

१०

"हे बुद्धिहीन ब्राह्मण ! उदार, अनुभव का देता तुझे सार।
गत जीवन में मुझ पर भी था, धन संपति यश वैभव अपार।।

११

यद्यपि थी संपति और मही, मेरे भी थी सन्तान नहीं।
कर यत्न थका पर दुःख न गया, पल्टा था भाग्य-विधान नहीं।।

१२

सब कहते थे पुष्पांजलि दे, सच्चे मन से श्रद्धांजलि दे।
जैसे भी होवे निर्विवाद, तू देवी को बकरा बलि दे।।

१३

तुझको मन चाहा मान मिले, हर शाप कटे, वरदान मिले।
मिल जाए सौख्य-संपदा अतुल, तुझको अवश्य सन्तान मिले।।

१४

जब सब प्रयत्न कर हार गया, मैं भी देवी के द्वार गया।
बकरा बलि देने को सहर्ष, मैं भी था हो तैय्यार गया।।

१५
सारी नगरी में खोज थका, कर-करके प्रत्येक यत्न थका।
नगरी का हर कोना छाना, पर कोई बकरा पा न सका।।

१६
जब ढूंढ थका सारी नगरी, चिंता हो चली मुझे गहरी।
एक सद्यजात छौने के सँग में मिल पाई थी एक बकरी।।

१७
छौने समेत बकरी क्रय कर, विधिवत् पूजन अवगाहन कर।
छौने को थन से दूर हटा, मनवांछित यज्ञायोजन कर।।

१८
आवाज़ कुचल अंतरात्मा की, बलि देने चला अजा-सुत की।
बकरी ने बहुत विनय की, पर मैंने न रंच भी चिन्ता की।।"

१९
बकरी बोली क्रोधित होकर, "तू ब्राह्मण नहीं पातकी नर !
तू भक्त नहीं, हत्यारा है, सुख चाह रहा है, दुःख देकर।।

२०
देवी माता कहलाती है, भक्तों पर प्यार लुटाती है।
संतति की निर्मम हत्या को, माँ सहन नहीं कर पाती है।।

२१
देवी के सिर पर थोप पाप, करते हो हिंसा और पाप।
वरदान चाहते हो माँ से, करते हो कर्म कि मिले शाप।।

२२
माता तो जीवन देती है, सारे ही दुःख हर लेती है।
माता न अहित चाहे कदापि, इच्छा पूरी कर देती है।।

२३

सब जीवों पर करुणा अपार, है सत्य सनातन धर्म - सार।
पातक को पुण्य समझते हो, तुम विप्र नहीं हो, कुलांगार।।

२४

हो मनुज न तुम, जल्लाद हो तुम, साक्षात् रूप उन्माद हो तुम।
पर सुत की बलि दे देने में, जो पाते अति आह्लाद हो तुम।।

२५

पर-पुत्र मार कर पुत्र मिले, पर-अहित कर्म कर सौख्य मिले।
है कहां लिखा? है कहां पढ़ा? कर पाप घोरतम, पुण्य मिले।।

२६

सन्तान मोह में यूं पड़कर, मेरे सुत की हत्या मत कर।
निर्दोष खून से हाथ न रँग, रे ब्राह्मण ! कुछ तो प्रभु से डर।।

२७

निर्मम हत्या फल लायेगी, अपना ही रंग दिखायेगी।
रे शठ ! तेरी घरवाली की, गोदी न कभी भर पायेगी।।

२८

होंगे प्रसन्न भगवान नहीं, मिल पायेगा वरदान नहीं।
इच्छा न कभी पूरी होगी, हो पायेगी सन्तान नहीं।।

२६

विनती करती हूँ, पुनः मान, सुन ले तू देकर ज़रा ध्यान।
कर दया अबोध अजा-सुत पर, ले व्यर्थ न उसके आज प्राण।।

३०

रे पतित ! ब्राह्मण अब भी सुन, तज दे मन से हिंसा की धुन।
तू आज कोप-भाजन बन कर, जन्मों हित दण्ड-जाल मत बुन।।"

३१
गिड़गिड़ा बहुत बकरी रोई, मैंने थी मगर बुद्धि खोई।
कुछ दिया न ध्यान प्रार्थना पर, बलि देकर, बलिवेदी धोई।।

३२
मेरा सारा प्रताप लेकर, जीवन-पर्यन्त ताप देकर।
"तेरा भी गला कटेगा यूं," बकरी मर गई शाप देकर।।

३३
अवशिष्ट शान्ति भी खोनी थी, सन्तान न हुई, न होनी थी।
कब पाप बीज बो, पुण्य खिले, होती कैसे अनहोनी थी।।

३४
लगता था जीवन ही रीता, था तड़प-तड़प जीवन बीता।
आ गई मृत्यु मेरी एक दिन, यूं केवल काल-चक्र जीता।।

३५
अंगार दागते, लौह जकड़, यमदूत ले गये मुझे पकड़।
जा धर्मराज जी के सम्मुख, निकली सब शेखी और अकड़।।

३६
मुठ्ठी भींचे, रिस कर डोले, थे मेरे बन्द नयन खोले।
फिर कोप-दृष्टि से देख मुझे, श्री धर्मराज जी यूं बोले।।

३७
"यह ब्राह्मण अति ही पापी है, करता निज आपाधापी है।
अपनी ही सदा सोचता है, अन्यों की व्यथा न व्यापी है।।

३८
ब्राह्मण होता है दयावान, ब्राह्मण होता है ज्ञानवान।
होता सबका निःस्वार्थ मित्र, ब्राह्मण होता करुणानिधान।

३९

ब्राह्मण होता आचरणवान, ब्राह्मण होता है गुणनिधान।
वेदों का करे पठन-पाठन, सबके दुःख का सोचे निदान।।

४०

दो घोर नर्क में इसे डाल, रहने दो कुछ दिन बुरा हाल।
दो विविध योनियां तुम इसको, रोने दो हो होकर बिहाल।।

४१

ज्यूं ही समाप्त हो नर्कवास, दो वानर योनि इसे सहास।
इस तरह नर्क भोगा, पाई वानर की योनि, रहा उदास।।

४२

एक बाजीगर ने मोल लिया, रोज़ी का रास्ता खोल दिया।
डंडे के बल से नचा-नचा, दुनियां में मेरा खेल किया।।

४३

लकड़ी के बल नाचता रहा, करता सदैव दासता रहा।
दो दाने के हित जीवन भर, मैं सदा भीख मांगता रहा।।

४४

जब वानर-देह, विप्र ! छूटी, तक़दीर अधिक मेरी फूटी।
कुत्ते का जन्म मिला मुझको, बीती वय खा जूठी रोटी।।

४५

दर-दर यूं ही भागता रहा, दिन-रात सिर्फ भौंकता रहा।
सब के आगे ही पूंछ हिला, मैं दो टुकड़े मांगता रहा।।

४६

कच्चा पक्का, रूखा सूखा, छीना-झपटा, जो भी देखा।
ताजा बासी, हर सड़ा गला, खाया, रह सका न मैं भूखा।।

४७

एक दिन हो गई नियत खोटी, हे विप्र ! चुराई एक रोटी।
मालिक ने देख लिया मुझको, डट, मार लगाई, ले सोंटी।।

४८

किकिया-किकिया कर दम तोड़ी, यूं कुत्ते की काया छोड़ी।
फिर जन्म मिल गया घोड़े का, विधि ने यूं भाग्य-दिशा मोड़ी।।

४६

ले लिया मोल भटियारे ने, उस छलिये ने, बंजारे ने।
खाने-पीने की सुधि न कभी ली, उस निर्मम हत्यारे ने।।

५०

दिन भर लेता था कठिन काम, बोझा ढो ढोकर दुखी चाम।
अति छोटी रस्सी से बांधे, जब भी आती थी नित्य शाम।।

५१

उठ पाता, खड़ा न हो पाता, करवट भी कभी न ले पाता।
हिलना-डुलना भी कठिन हुआ, मक्खी तक नहीं उड़ा पाता।।

५२

एक दिन दो लड़के, एक लड़की, मुझ पर चढ़ गये, सवारी की।
दलदल में फंस कर मार पड़ी, आ पहुंची घड़ी यूं मरण की।।

५३

इस भांति अनेक जन्म पाये, कोई न कभी भी थे भाये।
अब बकरे का है जन्म मिला, लगता है अच्छे दिन आये।।

५४

तूने है अब खरीद मुझको, पहुंचाया सुख-समीप मुझको।
आ पहुंची अन्तिम घड़ी आज, मिल जायेगा हर सुख मुझको।।"

५५

ब्राह्मण के नेत्र खुले, सुनकर, बोला - "हे बकरे ! तू मत डर।
मैं वध न करूंगा अब तेरा, देता हूँ तुझको निर्भय कर।।

५६

निज मन को करुणायुक्त किया, तत्क्षण अभिलाष-विमुक्त किया।
जाओ, अब होगा कुछ न तुम्हें, यह कह बकरे को मुक्त किया।।"

५७

बकरा बोला "शत धन्यवाद, पर मेरी मृत्यु है निर्विवाद।
मरने से पूर्व बतादूं तुमको, एक भेद, तज कर विषाद।।

५८

यदि इच्छा है, वरदान मिले, धन-सम्पति औ सम्मान मिले।
तो करो पितृ-गण को प्रसन्न, तुमको इच्छित सन्तान मिले।।

५९

गीता का ध्यान विराट करो, उन्नत नित भक्ति ललाट करो।
हो जायें पितृ सभी प्रसन्न, अध्याय आठवां पाठ करो।।

६०

अध्याय आठवां बतलाता, क्या अक्षर और ब्रह्म नाता।
क्या ब्रह्म, कर्म, अध्यात्म आदि, है जीव कहां, कैसे जाता?

६१

परिमाण ब्रह्म के निश-दिन का, उत्पत्ति प्रलय वर्णन जग का।
हो पुनर्जन्म का अभाव कैसे? क्या है अर्थ परम गति का।।"

६२

खुल गये ब्राह्मण-दृग-कपाट, अध्याय आठवां किया पाठ।
सन्तान मिली, धन, मान मिला, मिल गया मोक्ष का वर विराट।।

६३

उस ओर चला बकरा कुछ पग, जंगल की ओर बढ़ाता डग।
सहसा घन छाये, गाज गिरी, यद्यपि बकरा था पूर्ण सजग।।

६४

बकरे ने मेरा नाम लिया, अंतिम क्षण मुझे प्रणाम किया।
इसलिये अंत में प्रिय ! उसने भी प्राप्त श्रेष्ठतम धाम किया।।

समाप्त

नौ

साधना

(भगवद् गीता माहात्म्य नवम अध्याय से सम्बन्धित महाकवि आदेश का खण्ड-काव्य)

''साधना'' नामक इस लघु खण्ड काव्य का कथानक श्रीमद् भगवद् गीता के नवम् अध्याय से सम्बन्धित है। इस काव्य में श्री नारायण द्वारा लक्ष्मी जी को सुनाई गई एक महापतित, बेईमान एवं अनाचारी रामवरण शूद्र की कथा का वर्णन किया गया है। कथा इस प्रकार हैः दक्षिण भारत के एक महानगर में एक रामवरण नामक शूद्र निवास करता था। उसमें संसार के सारे ही ऐब थे। उसकी पत्नी अति सीधी-सादी और पति-परायणा थी। वह दिन भर काम करती थी। परन्तु रामवरण पड़े-पड़े मुफ़्त का माल उड़ाता था। उसमें एक बड़ा दोष था कि वह अत्यन्त लम्पट और दुराचारी भी था। एक दिन वह एक खाई में गिर पड़ा और उसके प्राण-पखेरू उसके तन से निकल गये। असमय अपमृत्यु होने के कारण उसको प्रेत-योनि मिली। वह एक पेड़ पर रहने लगा। उस नगर में ही एक अन्य भिक्षा द्वारा जीविका अर्जित करनेवाला एक शुद्ध सात्त्विक ब्राह्मण भी था। वह अपनी पत्नी को बहुत प्यार करता था। उसकी पत्नी देखने में अत्यन्त भोली-भाली थी किन्तु वास्तव में एक कर्कशा और कलह-प्रिया नारी थी।

पति-पत्नी में सदा वाग्युद्ध चलता ही रहता था। इस प्रकार एक दिन वह अपने एक पति-द्वेषी पुरुष के बहलाने-फुसलाने में आ गई, और उसके चरण बहक गये। पति ने कितना ही समझाया परन्तु सब कुछ व्यर्थ रहा। अंतकाल में मरकर दोनों ही प्रेत बन गये और साथ-साथ रहने लगे। परन्तु वे एक-दूसरे को पहचान नहीं पाये। एक दिन अनायास नारी पिशाचिनी ने नर पिशाच से उसके विगत जन्म के विषय में पूंछा। नर पिशाच ने अपना सारा हाल बतला दिया। तब पिशाचिनी ने पुनः प्रश्न किया - बताओ ! तुमने ऐसी कौन सी साधना की, जिसके कारण तुम्हें पिछले जीवन की याद बनी रही? पिशाच ने उत्तर दिया - मैंने एक प्रभु - समर्पित गीता - पाठी ब्राह्मण के श्रीमुख से भगवद् गीता के केवल नवम अध्याय का श्रवण मात्र किया, जिसके कारण मेरे पाप धुल गये और मेरा चरित्र निर्मल हो गया। इतना सुनकर नारी पिशाचिनी ने उसे पहचान लिया तथा उससे रो रोकर क्षमा मांगी। पति पिशाच ने उसे क्षमा कर दिया। कुछ देर पश्चात् जब पिशाचिनी अकेली थी, तो उस पेड़ पर रहने वाला रामवरण का प्रेत बाहर निकला और उसने पति-पत्नी के मध्य हुई बातचीत को दुहराने की प्रार्थना की। पिशाचिनी ने दया करके उसे वे सारी बातें बताईं। गीता के नवम सर्ग को सुनकर उसके पाप भी दूर हो गये। उन तीनों ने ही मनवांछित फल पाया और तीनों ही बैकुण्ठ धाम को चले गये।

रचना काल : शुक्रवार, १२ अप्रैल, १९९१ ई०; आदेश भवन कनाडा। टंकण छै नवम्बर दो हज़ार तीन को श्री आदेश आश्रम ट्रिनिडाड में हुआ।

साधना

१

लक्ष्मी से बोले रमारमण, भारत में भाग एक दक्षिण।
एक महानगर में रहता था, एक शूद्र, नाम था रामवरण।।

२

वह रामवरण था महापतित, थीं बुरी आदतें उसमें अति।
वह अपनों और परायों को, पहुंचाया करता था नित क्षति।।

३

खाता था मांस, पिये मदिरा, थी मदमय उसकी शिरा-शिरा।
मद्य पीकर नित्य नालियों में, निज सुध-बुध खोकर प्रिये ! गिरा।।

४

था महाजुआरी, वज्र चोर, ताड़ी पी, करता सदा शोर।
उससे न बचा कोई दुर्गुण, पापी था उसका पोर पोर।।

५

पत्नी थी अति सीधी सादी, करती न वक़्त की बरबादी।
कर मेहनत घर घर, घर आती, दिन भर की बहुत थकी मांदी।।

६

तब उसकी सेवा करती थी, गृह-काज लगन से करती थी।
वह उसे मारता था फिर भी, तन-मन से उस पर मरती थी।।

७
निश-दिन सेवा करवाता था, सिर और पैर दबवाता था।
घर पड़े-पड़े मस्ती करता, बस माल मुफ़्त का खाता था।।

८
था घर-घर भ्रमण किया करता, पर-नारी गमन किया करता।
भोली वनितायें फाँस-फाँस, नित उनका हनन किया करता।।

६
जो भी जैसी मिल जाती थी, वह नार नहीं बच पाती थी।
जाने क्या जादू करता था, उसकी मरज़ी चल जाती थी।।

१०
वह दिन भर पान चबाता था, तम्बाकू भर-भर खाता था।
पीता था चिलम और हुक्का, यूं हर दम मौज उड़ाता था।।

११
सांवरा सुदर्शन हृष्ट-पुष्ट, था दुष्ट न केवल महादुष्ट।
मनमानी सदा किया करता।। धीरे-धीरे हो चला कुष्ठ।।

१२
दाढ़ी मूंछें थीं बढ़ी हुई, एक दिन मदिरा थी चढ़ी हुई
गिर पड़ा एक खाई में वह, खण्डित जीवन की लड़ी हुई।

१३
असमय अपमृत्यु उसे आई, मर, प्रेत योनि उसने पाई।
एक बड़े वृक्ष पर रहता था, फिर भी न बुद्धि उसको आई।।

१४
नगरी में एक सदाचारी, बसता ब्राह्मण भिक्षाहारी।
लाकर देता धन नारी को, दिन भर भिक्षाटन कर भारी।।

१५

करता था पूजा-पाठ सदा, देता था नैतिक पाठ सदा।
पर जुटा न पाता पत्नी-हित, कोई सांसारिक ठाठ विधा।।

१६

थी संज्ञा जिसकी रामलाल, पर सचमुच में था बुरा हाल।
मन में थी हरि की भक्ति अटल, पर हुआ जीना मुहाल।।

१७

था साधु बहुत भोला-भाला, जपता रहता था नित माला।
कोई कितनी भर्त्सना करे, रहता जुबान पर था ताला।

१८

कहने को तो वह पत्नी थी, पर सत्य अर्थ में भुतनी थी।
पति करता उसको अधिक प्यार, रहती जितनी तनी-तनी थी।।

१६

पति से रहती थी कटी-कटी, कहती रहती थी जली-कटी।
सुन पड़ोसियों की आँखें भी, अक्सर रह जातीं फटी-फटी।।

२०

चलती थी कभी न पति से मिल, करती पड़ोसियों सँग खिल-खिल।
हर दम ही करती रहती थी, किचकिच खिचखिच दन्ताकिलकिल।

२१

अच्छी थी उसकी क़द-काठी, पड़ जाती ले अंसरपाटी।
वह नहीं मानती थी प्रायः, करता चिरौरियां श्रुति-पाठी।।

२२

अति सुखकर दुनियादारी थी, उसको विलासिता प्यारी थी।
पति त्यागी और तपस्वी था, वह महा कर्कशा नारी थी।।

२३
देती थी पति को रंच न सुख, हर वक़्त चढ़ा रहता था मुख।
हर समय कोसती रहती थी, देती थी पति को दुःख ही दुःख।।

२४
थी सचमुच में ही कलह-प्रिया, लगता था कहीं न रंच हिया।
घर घर घूमती, कहे दुखड़ा, पति को था यूं बदनाम किया।।

२५
पति करता सदा खुशामद था, हर वाक्य सदा शिक्षाप्रद था।
सब कुछ करने को था उद्यत, पत्नी पर चढ़ा किन्तु मद था।।

२६
पति-पत्नी का यह वाग्युद्ध, हो सका नहीं क्षण मात्र रुद्ध।
बहके पत्नी के चरण, किन्तु पति चरित रहा सर्वदा शुद्ध।।

२७
इन छोटे-मोटे पचड़ों में, आये दिन किचकिच रगड़ों में।
हैं लाभ उठाते रसिक सदा, पति-पत्नी के इन झगड़ों में।।

२८
चुप-चुप एक पापी दोषी ने, की मदद मौन पति-द्वेषी ने।
सान्त्वना सहानुभूति दिखला, था लूटा लाभ पड़ोसी ने।।

२९
उस नारी को बहला-फुसला, कर झूठ प्रशंसा, दिया फुला।
पहले मन फिर तन को छूकर, था बना दिया उसको दुःशला।।

३०
वह बनी रही पतनोन्मुखी, रह सकी न लेकिन बात ढँकी।
फिर बहुत दिनों तक लुकाछुपी औ आंख-मिचौली चल न सकी।।

३१

यद्यपि था उसका माथ झुका, पति जानबूझ कुछ कर न सका।
कितना समझाया, माँफ किया, पर उसको सीधा कर न सका।।

३२

दोनों न कभी समवेत हुये, लड़ते थे नित, न सचेत हुये।
जब आया अन्तकाल उनका, मर कर दोनों ही प्रेत हुये।।

३३

पर नहीं सचाई जान सके, दे नहीं सत्य पर ध्यान सके।
वे एक दूसरे को कदापि, पल को न कभी पहचान सके।।

३४

रहता जिस तरु पर शूद्र प्रेत, उस पेड़ तले पाया निकेत।
रह प्रेत योनि में किसी भाँति, जब समय कटा तो हुआ चेत।।

३५

थे काट रहे वे दिन गिन-गिन, था चैन नहीं उनको एक छिन।
एक प्रश्न कर दिया अकस्मात, नारी पिशाचिनी ने एक दिन।।

३६

यद्यपि भरता था मन कुलांच, की अनायास कुछ पूंछ-ताछ।
"क्या विगत जन्म की भी है सुधि? बतलाओ मुझको नर-पिशाच !!"

३७

नर-पिशाच ने निज मुँह खोला, गत जीवन का रहस्य खोला।
कर याद सभी अगला-पिछला, वह पिशाचिनी से यूं बोला।।

३८

"मैं विगत जन्म में ब्राह्मण था, करता नित ही भिक्षाटन था।
प्रभु-चरणों में ही ध्यान लगा, मैं करता जीवन-यापन था।।

३९
दे पाया सुख-संसार नहीं, ज़ेवर, कपड़े, उपहार नहीं।
पत्नी को बहुत प्यार करता, पर पाया उसका प्यार नहीं।।,

४०
जो कहता, करती वह उल्टा, खा जाती थी कह-कर पलटा।
कर दी मति भ्रष्ट पुर जनों ने, बन गई अचाहे ही कुलटा।।

४१
कितना कुछ समझाया उसको, कर क्षमा उर लगाया उसको।
अफसोस यही न सुधार सका, अपना न बना पाया उसको।।

४२
इस तरह हुई सन्तान नहीं, कर सका स्वेच्छित दान नहीं।
इसलिये प्रेत की योनि मिली, हो सका श्राद्ध, गोदान नहीं।।"

४३
सविनय पूंछा पिशाचिनी ने, "साधना कौन सी की तुमने?
जो तुम्हें याद गत जीवन की, क्या पुण्य किये बोलो, तुमने?"

४४
बोला पिशाच, "हे महामना ! गत जीवन में की उपासना।
एक ब्राह्मण से अध्यात्म कर्म का रहस्य श्रद्धा सहित सुना।।"

४५
"है क्या-क्या सहन यातना की? तूने क्या अन्य साधना की?"
पूंछा पिशाचिनी ने पुनि-पुनि, "जीवन भर कौन कामना की?

४६
अध्यात्म ज्ञान का किया श्रवण, जिससे, वह कौन, बता, ब्राह्मण?
अध्यात्म कर्म है कौन कि जिसके सुनने से हो विगत स्मरण?"

४७

"मैंने न कभी वैराग लिया, यज्ञों में कभी न भाग लिया।"
बोला पिशाच कुछ चिंतन कर, "मैंने न रंच तप त्याग किया।।

४८

हरि को सर्वस्व समर्पण था, करता नित ईश-स्मरण था।
था वेदों का विद्वान महा, वह गीता पाठी ब्राह्मण था।।

४६

था अन्य न कोई पुण्य किया, केवल गीता का श्रवण किया।
गीता के एक सर्ग ने ही, मेरे जीवन को बदल दिया।।

५०

अर्जुन ने पूंछे प्रश्न उचित, वे नवम सर्ग में हैं वर्णित।
जिनका उत्तर पा जाने से, रहता न चित्त है भ्रम-पूरित।।"

५१

पति पिशाच के मुख से उदार, सुन नवम सर्ग का सकल सार।
तीनों बातों का गूढ़ भेद, सुन मिटा सकल मन का विकार।।

५२

सुन नवम सर्ग वर्णन विचित्र, हो गया शुद्ध उसका चरित्र।
धुल गये पाप पिछले सारे, हो गई पिशाची भी पवित्र।।

५३

उसको भी पिछला भान हुआ, निज दुष्कर्मों का ज्ञान हुआ।
अपने अतीत पर ग्लानि हुई, उसने पति को पहचान लिया।।

५४

पति चरणों में गिर पड़ी विकल, रो-रो कर मांगी क्षमा अपल।
पति ने पहचान उसे तुरन्त, दे दिया क्षमा का दान विमल।।

५५
रह गया हृदय किंचित न भ्रान्त, थी पिशाचिनी हो गई शान्त।
तरु से निकला एक अन्य पिशाच, जब दूर गया कुछ निमिष कान्त।।

५६
यह था पिशाच वह रामवरण, पापों से बोझिल जिसका मन।
जो भोग रहा था प्रेत योनि, उस तरु के ऊपर रह उन्मन।।

५७
बोला- "पिशाचिनी ! बतलाओ, मुझ पर भी करुणा बरसाओ।
जो तीनों बातें अभी सुनीं, मेरे समक्ष भी दुहराओ।।

५८
सुनकर मेरे भी पाप कटें, मेरे भी तीनों ताप घटें।
मेरी भी नियति सुधर जाये, इस प्रेत योनि के शाप मिटें।।"

५९
सुन कर पिशाचिनी यूँ बोली, मैं थी निज पति की हमजोली।
पति ने समझाकर कर सत्य मर्म, मेरी हैं अब आँखें खोलीं।।

६०
गत शुभ कामों के कर्त्ता से, अपने अवगुण संहर्त्ता से।
अपने मन को समझाती थी, मैं पूंछ रही निज भर्त्ता से।।

६१
पति से न विवाद ठानती हूँ, मैं उसका कहा मानती हूँ।
तू प्रेत योनि में क्यों आया, है कौन ? न तुझे जानती हूँ।।"

६२
बोला पिशाच गिड़गिड़ा तुरत, "करता हूँ तुझसे विनय बहुत।
दे सुना मुझे भी वे बातें, तर जाऊं मैं भी पापी च्युत।।"

६३

तब पिशाचिनी ने बतलाया, जो सुना, उसे ही दुहराया।
गीता के नवम सर्ग का सत, उसने पिशाच को समझाया।।

६४

सुन नवम सर्ग को, शक्ति मिली, उस प्रेत देह से मुक्ति मिली।
खुल गये ज्ञान के चक्षु तुरत, धुल गये पाप, हरि-भक्ति मिली।।

६५

सहसा ही नभ में मंडराये, लेने विमान उनको आये,
पा देव-देह, बैकुण्ठ गये, तीनों ने वांछित फल पाये।।

६६

ज्ञानोपदेश विज्ञान सहित, माहात्म्य पूर्ण इसमें वर्णित।
श्रद्धाहीनों की जन्म-मरण चक्रों में फँस होती दुर्गति।।

६७

निर्लिप्त निराकृति प्रभु वर्णन, प्रभु-योग-शक्ति का दिग्दर्शन।
भक्तों के भजनों के प्रकार, भूतों की स्थिति, संहार-सृजन।।

६८

जो शरण ईश की जाते हैं, वे पापी भी तर जाते हैं।
अध्याय नवम बतलाता, प्रभु सब पर सम दया दिखाते हैं।।

समाप्त

दस

नुत्त-हंस

(भगवद्गीता माहात्म्य दशम अध्याय से सम्बन्धित महाकवि आदेश का खण्ड-काव्य)

"नुत्त हंस" नामक इस लघु खण्ड काव्य का कथानक श्रीमद् भगवद् गीता के दसवें अध्याय से सम्बन्धित है। इस काव्य में श्री नारायण द्वारा लक्ष्मी जी को सुनाई गई एक महान हरि-भक्त ब्राह्मण की कथा का वर्णन किया गया है। कथा इस प्रकार हैः काशी नगरी में धीरज नामक एक सदाचारी हरि-भक्त कर्मकाण्डी ब्राह्मण रहता था। उसकी पत्नी भी अत्यन्त सती-साध्वी थी। एक दिन वह गंगा जी में स्नान करके मन्दिर की ओर दर्शनार्थ चला कि मार्ग में ही गिर पड़ा और उसका देहान्त हो गया। उस समय एक हरि-भक्त गण इस घटना को देख रहा था। वह तुरन्त दौड़कर श्री शिव जी के पास पहुंचा और पूंछा - इस धीरज ब्राह्मण ने क्या पुण्य किये थे कि उसे इतनी अच्छी मृत्यु मिली? भृंगी नामक एक शिव गण ने भी इस घटना को अपनी आंखों से देखा। वह भी शिवजी के पास गया और जिज्ञासा व्यक्त की - हे प्रभु! जो भक्त पूरी निष्ठा से आपके दर्शनों को आया, वह अपना मनवांछित पाये बिना कैसे इस संसार से चला गया? शिव जी ने उत्तर दिया - एक दिन कैलाश पर्वत पर मैं पार्वती जी के

सँग विराजमान था। सहसा उड़ता हुआ एक हंस वहां आया। उसने हमारे चरणों में प्रणाम किया और अपनी आंखों से श्रद्धा-जल चढ़ाया। वह ब्रह्म लोक से आ रहा था और मानसरोवर को जा रहा था। उस सरोवर में कितने ही सुन्दर कमल के फूल खिले थे। वह अनजाने ही एक कमल को लांघ गया। जैसे ही उसकी छाया उस कमल पर पड़ी, वह आकाश से भूमि पर आ गिरा और अचेत हो गया। उसको इस प्रकार नुत्त (गिरा हुआ) देखकर एक गण मेरे समीप आया और उसने मुझसे हंस के गिरने का कारण पूंछा। उसने कहा - हे प्रभु ! वह हंस उड़ता हुआ यहां तक आ गया और आपके दर्शन पाकर धन्य हो गया। किन्तु अनायास ही भूमि पर गिर पड़ा। अचानक उसका रंग सफेद पड़ा फिर काला पड़ गया। यह सुनकर मेरे गण उस हंस को मेरे समीप ले आये। परन्तु उस हंस को भी इसका कारण ज्ञात नहीं था। शिवजी के पूंछने पर गगन-वाणी हुई कि कमलिनी को इस घटना का कारण ज्ञात है। उससे पूंछिये। शिवजी के पूंछने पर कमलिनी ने बताया कि मैं पिछले जन्म में एक अप्सरा थी और आनन्दपूर्वक स्वर्ग में रहती थी। मेरा नाम पदमावती था। मुझे अपने रूप और वाणी पर अतुल अभिमान था। उन्हीं दिनों गंगा जी के तट पर एक ब्राह्मण नित स्नान-ध्यान करके विधिवत गीता जी के दसवें अध्याय का पाठ करता था। इससे ब्राह्म का तेज दिन प्रति दिन बढ़ता गया; जिसे देखकर इन्द्रासन डोलने लगा। इन्द्र ने मुझे उस ब्राह्मण के जप-तप-व्रत में बाधा डालने के लिए भूमि पर भेजा। पर वह ब्राह्मण मेरा अभिप्राय जान गया और शाप दे दिया कि मैं इस सरोवर में कमलिनी बनकर जीवन भर ताप भोगती रहूँ। मेरे रोने-धोने और गिड़गिड़ाने से

उसने मुझे माफ कर दिया और कहा कि ओ पदमावती ! तू सारे निर्गुण-सगुण के चक्र को छोड़ नित्य गीता का दसवां अध्याय पढ़ तो सारे पापों से मुक्ति पा जायेगी। तब से मैं मलिनी बन कर यहां रहती हूँ और नित्य मन से गीता जी के दसवें अध्याय का पाठ करती हूँ। इससे मेरा तेज इतना बढ़ गया है कि जो कोई भी मुझे लांघकर जाता है, वह काला पड़कर अचेत हो जाता है।" यह सुनकर हंस ने पूंछा-"हे कमलिनी ! बताओ, अब मेरा हाल कैसे ठीक होगा? " कमलिनी ने कहा - "यदि कोई गीता पाठी शालिग्राम पूजन करके तुम्हें गीता के दसवें अध्याय को सुनायेगा तभी तुम्हारा कल्याण संभव होगा।" तब इसी ब्राह्मण ने हंस को गीता का दसवां अध्याय सुनाया था। यह तथ्य सुनकर ब्राह्मण, हंस तथा कमलिनी तीनों का उद्धार हो गया और तीनों ही बैकुण्ठ धाम गये। यह कथानक अम्बर में उड़ते हुए नीचे गिरे हुए हंस से सम्बन्धित है; अतः इसका नाम नुत्त हंस रख दिया गया है।

रचना काल : १६ मई, १६६१ ई०; (भारत से लन्दन द्वारा टोरॉन्टो आते हुए एयर कनाडा के विमान में)।

नुत्त-हंस

१

बोले लक्ष्मी से नारायण, प्रिय ! ध्यान लगाकर करो श्रवण।
काशी नगरी में रहता था, धीरज नामक आदृत ब्राह्मण।।

२

करता था विधिवत् नित्य कर्म, पालन करता था वेद - धर्म।
भगवद् गीता का था पाठक, था विदित उसे हरि-गीत-मर्म।।

३

ब्राह्मण था सद् आचरणवान, देता सबको ही उचित मान।
सेवा करता असहायों की, देता दीनों को सदा दान।।

४

थे उच्च और सुन्दर विचार, मन करता था प्रभु में विहार।
नियमित थी उसकी दिनचर्या, करता था केवल फलाहार।।

५

विप्रों का आदर करता था, गउओं की सेवा करता था।
चींटियों, मछलियों, चिड़ियों को भी, खाद्य खिलाया करता था।।

६

था कर्मकाण्ड में पारंगत, पालन करता एक पत्नीव्रत।
पत्नी भी थी सुन्दर साध्वी, था सचमुच ही अखण्ड पतिव्रत।।

७

सूर्योदय पर उठ जाता था, पल भर न रंच रुकपाता था।
जल्दी-जल्दी पैदल जाकर, गंगा में नित्य नहाता था।।

८

कर स्नान सुर-सरित में सुजला, एक दिन मन्दिर की ओर चला।
गिर पड़ा अचानक मार्ग मध्य, गिरते ही जीवन-सूर्य ढला।।

९

हरि भक्त एक गण था आया, धीरज को मरा हुआ पाया।
हो विस्मयान्वित जिज्ञासा ले, शिव ढिंग पहुंचा, सकुचाया।।

१०

बोला- "हे स्वामी ! बतलाओ, मुझको रहस्य यह समझाओ।
क्या पुण्य किया था धीरज ने, प्रश्नों की गुत्थी सुलझाओ।।

११

श्री काशी जी का शुभ आंगन, गंगा के जल में अवगाहन।
व्रत एकादशी, अन्न तजना, सन्तों, विश्वेश्वर का दर्शन।।

१२

पूरा कर के हर पुरश्चरण, चारों लाभों का किया वरण।
ये पुण्य कौन से उदित हुये, काशी में जिसका हुआ मरण।।

१३

मन में हरि नाम गुनगुनाता, विश्वेश्वर-दर्शन को जाता।
मूर्च्छित होते मैंने देखा, यह गिरा जभी चक्कर खाता।।"

१४

भृंगी शिव-गण ने भी सचेत, उसको देखा होते अचेत।
उसने शिवजी से जाकर कहा, वृतान्त, सकल श्रद्धा समेत।।

१५
"यह कैसी है प्रभु की माया, जो भक्त दर्शनों को आया।
मर गया अचानक बिना मिले, प्रभु ! मेरी समझ नहीं आया।।

१६
मिट जाता चिंता-क्लेश-भार, मिल जाता उसको सुख अपार।
हो जाते मनवांछित पूरे, जो भी आता है शंभु-द्वार।।

१७
जीवन-प्रसून था खिला-खिला, जिसका विश्वास न कभी हिला।
यह कैसी अनहोनी भगवन ! पर इस ब्राह्मण को कुछ न मिला।।"

१८
सुन ! भृंगी से बोले शंकर, धीरज की गति धीरज धरकर।
"संपूर्ण कथा बतलाता हूँ, कल्पना नहीं इसमें तिल भर।।

१६
कैलाश शिखर पर शिवा संग, बैठा मैं एक दिन भर उमंग।
उड़ता आया एक हंस वहां, मन में भर कर दृढ़ भक्ति-रंग।।

२०
श्रद्धा-जल नयनों में लाया, वह मेरे दर्शन को आया।
करके हम दोनों के दर्शन, अन्तर में अतिशय सुख पाया।।

२१
आते ही अपना काम किया, चरणों में झुका प्रणाम किया।
कर के परिक्रमा हमारी तब, निज जीवन धन्य ललाम किया।।

२२
वह ब्रह्लोक से आता था, श्री हरि के भी गुण गाता था।
हम दोनों के दर्शन कर अब, वह मानसरोवर जाता था।।

२३

थे खिले सरोज सरोवर में, उस सुन्दर मानसरोवर में।
वह एक कमल को लांघ गया, अनजाने ही, रह अम्बर में।।

२४

ज्यूं ही प्रतिबिम्ब पड़ा उस पर, अम्बर से गिरा धरातल पर।
हो गया अचेत अचानक ही, हे भृंगी ! भक्त हंस सुन्दर।।

२५

यूं देख, गिरा उसको तत्क्षण, मेरे समीप आया एक गण।
पूंछा सविनय अनहोनी का, उसने आकर मुझसे कारण।।

२६

उड़ कर वह हंस यहां आया, था भगवन का दर्शन पाया।
गिर पड़ा भूमि पर अनायास, प्रभु ! समझ नहीं आई माया।।

२७

सहसा ही बदला श्वेत रंग, हो गया अचानक श्याम रंग।
शिर से लेकर पर-पैरों तक, हो गया श्याम प्रत्येक अंग।।

२८

मेरी आज्ञा से मेरे गण, ले आये उसे यहां तत्क्षण।
पर समझ नहीं आया उसको भी, रँग औ गिरने का कारण।।

२९

हमने पूंछा-ओ हंस! बता, क्यों श्याम पड़ा? कर व्यक्त व्यथा।"
"हे नाथ ! आपके दर्शनार्थ आया था, इतना मुझे पता।।

३०

हे मानसरोवर-पति निश्छल, थे खिले हुये सुन्दर शतदल।
ज्यूं ही लांघा उनको मैंने, हो गया श्याम रँग मैं तत्पल।।

३१
गिर पड़ा गगन से अनायास, कारण का किंचित भी न भास।
देखा शिव ने सहसा, देवी! अम्बर-वाणी सुनकर सहास।।

३२
सुन पड़ी गगन-वाणी ललाम, हे गौरीश्वर ! हे वीतकाम !
हे शम्भु ! कमलिनी से पूंछो, सारा रहस्य हे पुण्यकाम।।

३३
तब पूंछा मंजु कमलिनी से, उस मानसरोवर-शयनी से।
जो खिली कमल-दल संग सुघर, उस मनहारी पंकजनी से।।

३४
तब कहने लगी कमलनी नत, हे स्वामी मैं जीवन में गत।
थी एक अप्सरा अति सुन्दर, रहती थी सदा सुखों में रत।।

३५
सानन्द स्वर्ग में रहती थी, नन्दन वन मध्य विचरती थी।
था पदमावती नाम मेरा, सुरपति की सेवा करती थी।।

३६
था मुझे बहुत रूपाभिमान, कोयल सम गाती सदा गान
नित नर्तन में रत रहती थी, करते थे सुरपति सदा मान।।

३७
गंगा जी के तट पर पावन, एक ब्राह्मण करता अवगाहन।
कर स्नान-ध्यान नित गीता का, दसवां अध्याय करे वाचन।।

३८
जग-विषयों से परहेज़ देख, ब्राह्मण का बढता तेज देख।
इन्द्रासन लगा डोलने सा, सुर गण को भी निस्तेज देख।।

३९
सुरपति ने बुला सँदेश दिया, विस्तार सहित निर्देश दिया।
जा करो भंग तप ब्राह्मण का, मुझको कठोर आदेश दिया।।

४०
नारी-माया का लिये पाश, मैं गई विप्र के तुरत पास।
गीता का दशमाध्याय जहां, नित पढ़ता था भर-भर उल्लास।।

४१
नयनों के फेंके तीक्ष्ण वाण, यौवन की चला कुटिल कृपाण।
सम्मोहन डाला हर विधि से, पर कर न सकी शचिपति-कल्याण।।

४२
वह मेरी मंशा जान गया। पल में मुझको पहचान गया।
मेरी अटपटी योजना पर, उस ब्राह्मण का था ध्यान गया।।

४३
दे दिया विप्र ने मुझे शाप, जीवन भर सहती रहूँ ताप।
रह बनी कमलिनी तप-घातिनि ! इस मानसरोवर में अपाप।।

४४
मैं त्राहि-त्राहि कर उठी विकल, गिर गई विप्र पद में निश्छल।
थी बारंबार क्षमा मांगी, तब गया विप्र का हृदय पिघल।।

४५
"ओ पदमावती ! अप्सरा सुन, अब भूल समस्त सगुण-निर्गुण।
पढ़ गीता का अध्याय दशम, घुल जायें सारे अघ अवगुण।।

४६
सब पापों से छुट जायेगी, तू निष्कलंक हो जायेगी।
पा जायेगी निज रूप पुनः, एक दिवस मुक्ति मिल जायेगी।।

४७

बन गई कमलिनी उस क्षण से, खिलती हूँ नित्य पूर्ण प्रण ।
गीता का दसवांध्याय नित्य, पढ़ती हूँ पूर्ण समर्पण से।।

४८

बढ़ गया तेज इतना त्राता ! जो मुझे लांघकर है जाता।
हे भगवन ! वह काला पड़ कर, तत्क्षण अचेत है हो जाता।।"

४६

सुन किया हंस ने भी सवाल, हो गया अजाने मैं बिहाल।
बतलाओ मुझे कमलिनी तुम, कैसे होगा अब ठीक हाल।।

५०

कब तक यूं रहना है अचेत, कैसे आ जाये पूर्ण चेत?
कैसे पाऊं गति और वेग? किस प्रकार हो फिर रंग श्वेत ?"

५१

तब कहा कमलिनी ने रुचि ले, कोई यदि दसवांध्याय पढ़े।
गीता-पाठी के मुख से सुन, हो श्वेत रंग, बल तेज बढ़े।।

५२

तब इसी विप्र ने पठन किया, श्री शालिग्राम का स्तवन किया।
गीता का दशमाध्याय पढ़ा, था जिसे हंस ने श्रवण किया।।

५३

सुन सबका ही उद्धार हुआ', सबका ही बेड़ा पार हुआ।
मिल गया हंस को श्वेत वर्ण, सबको सुख अमित अपार हुआ।।

५४

बन गई कमलिनी देवसुता, अति तेजमयी दिव्याभ-युता।
सब ही पहुंचे बैकुण्ठ लोक, सुन गीता दशमाध्याय यथा।।

५५
हो जाते मन के दूर रोग, पड़ जाते फीके विषय भोग।
जो भी पढ़ता है गीता का, दसवां अध्याय विभूति योग।।

५६
होता न जन्म परमात्मा का, होता न मरण परमात्मा का।
होता न आदि, आरंभ कभी, होता न अन्त परमात्मा का।।

५७
प्रभु है हर संसृति का कारण, प्रभु है हर विकृति का कारण।
उपजें तीनों ही गुण उससे, प्रभु है हर प्रवृत्ति का कारण।।

५८
सारे भूतों में बसता है, रखता जग में समरसता है।
इस सकल सृष्टि को यथासमय, संकल्प मात्र से रचता है।।

५९
जो कुछ भी है दृष्टव्य यहां, जो कुछ भी है प्राप्तव्य यहां।
सब में विभूति ज्योतित प्रभु की, जो कुछ भी है अर्चव्य है यहां।।

५०
तम हो अथवा प्रकाश निर्मल, हो मलिन भाव अथवा उज्ज्वल।
उसकी विभूतियों का ही है, संसार मात्र विस्तार सकल।।

समाप्त

ग्यारह

राजतनय

(भगवद् गीता माहात्म्य एकादश अध्याय से सम्बन्धित महाकवि आदेश का खण्ड-काव्य)

"राजतनय" नामक इस लघु खण्ड काव्य का कथानक श्रीमद् भगवद् गीता के ग्यारहवें अध्याय से सम्बन्धित है। इस काव्य में श्री नारायण द्वारा लक्ष्मी जी को सुनाई गई एक महान विष्णु-भक्त राजा सुखानन्द और उसके पुत्र की कथा का वर्णन किया गया है। कथा इस प्रकार है: तुंगभद्र नामक नगरी में एक हरि-भक्त राजा सुखानन्द राज्य करता था। वह अत्यन्त धनाढ्य और प्रजा का प्रिय राजा था। वह नित्य भक्तिपूर्वक लक्ष्मी-नारायण का पूजन करके एक विद्वान ब्राह्मण से भगवद् गीता के ग्यारहवें अध्याय की कथा बड़े चाव से सुनता था। इसलिए उसे पग-पग पर ही विजय प्राप्त होती थी। एक दिन राजा जब अपने गृह में शयन करने के लिए लौटा तो अनायास कुछ दूर-दूर तक घूमे हुए अतिथि संत गण उसके यहां आ गये और अपने रहने के लिए स्थान की याचना की। उन संतों के नायक सचमुच में एक बड़े महन्त थे। राजा ने एक बड़ी हवेली में उनके रहने का प्रबन्ध करवा दिया। एक दिन जब राजा उनके साथ आनन्द मग्न होकर दर्शन की चर्चा कर रहा था तो एक बड़ा ग़ज़ब हो गया। उसका राजपुत्र अकेला ही बाहर खेलने चला गया। वहां एक

प्रेत रहता था। उसने छल करके उस राजतनय के प्राण हरण कर लिये। इस घटना को देखकर नौकर-चाकर दौड़कर राजा के पास गये और उसे इस दुःखद घटना की सूचना दी। राजा ने जब यह समाचार सुना तो उसके हृदय में ममता और मोह का ज्वार उठा। उसका मन हाहाकर कर उठा। उसने व्यंग्यपूर्वक महन्त से कहा कि आपका दर्शन हमें कितना सुखकर हुआ है? मेरा एक मात्र पुत्र था, जिसके मर जाने पर अब मुझे राज-काज में भी कोई रुचि नहीं रह गई है। तब महन्त ने राजा के संग जाकर उसके पुत्र को देखा। उसकी नाड़ी देखी। उसने प्रेत बाधा को पहचान लिया। ब्राह्मण ने प्रेत से कहा, यदि तू राजतनय को पुनः जीवित कर देगा तो मैं तुझे गीता का ग्यारहवां अध्याय सुनाकर प्रेत योनि से छुड़वा दूंगा। तब प्रेत ने अपनी कथा सुनाई। उसने कहा वह पिछले जन्म में एक सदाचारी ब्राह्मण था। एक दिन ऐसा हुआ कि बहुत कड़ी धूप थी। उस समय वह खेत में हल जोत रहा था। उसी समय एक दुर्बल विप्र वहां आया। उसे बहुत कष्ट था किन्तु उसने किसी को नहीं बताया और कुछ पग चल कर ही खेत में गिर पड़ा । मैं उस निर्जन स्थान पर अपने कार्य में व्यस्त रहा। मुझे उस पर ज़रा सी भी दया नहीं आई मैंने कोई यत्न नहीं किया कि ब्राह्ण के प्राण बच जायें। तभी एक चील ने उसे नोच खाया। जिससे उसके घाव हो गये। दैवयोग से उसी समय एक और ब्राह्मण वहां आ गया। उसने उस करुण दृश्य को देखा और क्रोधित होकर कहा कि मैंने उस ब्राह्मण के प्राण लिये हैं। तूने इसकी ज़रा भी सहायता नहीं की। तू युग-युग तक दुःख पायेगा और कभी मानव की देह नहीं पायेगा। तुझे प्रेत योनि ही मिलेगी। ऐसा कहकर उसने चील को उड़ा दिया और उसका इलाज करके उसे

खड़ा कर दिया। यह देख-सुनकर मेरे मन में भी सच्ची करुणा का संचार हुआ। मैंने उससे रो रोकर बारंबार क्षमा मांगी और विनती की कि मेरा उद्धार करो। तब उसने युक्ति बताई कि यदि कोई सच्चा गीतापाठी तुझे गीता के ग्यारहवें अध्याय का पाठ सुनायेगा तो तू प्रेत योनि से छुट जायेगा और मेरे द्वारा दिये गये ब्रह्म शाप से भी मुक्त हो जायेगा। अब हे महन्त तुम्हीं बताओ कि मुझे क्या करना चाहिये? महन्त ने कहा कि तुम इस राजतनय को पुनः जीवित कर दो। प्रेत तब महन्त के आगे नत शीश होकर बैठ गया। महन्त ने उसे गीता का ग्यारहवां अध्याय सुनाया और उसे प्रेत योनि से मुक्त करा दिया। उसके हृदय में हरि - भक्ति जगी और ब्राह्मण के चरण छूकर धन्यवाद देकर स्वर्ग से आये विमान में चढ़कर चला गया। इस प्रकार प्रेत का प्रभाव घट जाने से तथा ग्यारहवें अध्याय के सुनने से राजकुमार के मृतवत् तन में प्राण आ गये और वह नारायण ! नारायण कहता हुआ उठ खड़ा हुआ। तभी इन्द्र द्वारा भेजा गया एक विमान वहां आया और वह राजतनय उस पर चढ़कर स्वर्ग चला गया। राजा सुखानन्द भी इस घटना से बहुत प्रभावित हुआ और विप्र के चरणों में गिर पड़ा। उसे सच्चा ज्ञान मिल गया और पूरी तरह वैरागी हो गया। वह नियमित रूप से गीता के ग्यारहवें अध्याय का पाठ करता था। इस प्रकार उसे जीते जी मन की शान्ति मिल गई और वह अपने अंतिम क्षणों में मोक्ष प्राप्त करके बैकुण्ठ धाम गया।

रचना काल :

३० नवम्वर, १९६७ ई०; श्री आदेश आश्रम

ट्रिनिडाड (वेस्ट इंडीज़)

राजतनय

१

श्रीहरि बोले - हे दधिजाता ! दे ध्यान सुनो, हूँ समझाता।
एकादशवें अध्याय पाठ का, सब रहस्य हूँ बतलाता।।

२

थी तुंगभद्र नामक नगरी, थी सुख-समृद्धि जिसमें ठहरी।
जिसका राजा था धर्मनिष्ठ, थी जिसके उर हरि-भक्ति भरी।।

३

थी धन-संपति उस पर अपार, था प्राप्त प्रजा का जिसे प्यार।
नगरी का राजा सुखानन्द, रहता था सुख से सपरिवार।।

४

था एक विप्र विद्या-व्यसनी, गीता-पाठी था महागुणी।
एकादशवां अध्याय सदा, पढ़ता था उर भर भक्ति घनी।।

५

अति मधुर कण्ठ से गाता था, भावार्थ स्पष्ट समझाता था।
वह राजमहल में जा नृप को, नित गीता पाठ सुनाता था।।

६

एकादशवां अध्याय नृपति, सुनते थे उससे ही नित प्रति।
आता था अति आनन्द उन्हें, होती जाती अध्यात्म-प्रगति।।

७

कर पूर्ण समर्पित तन-मन-धन, कर लक्ष्मी-नारायण-पूजन।
अति श्रद्धा-भक्ति सहित अपार, राजा करता था पाठ श्रवण।।

८

सानन्द बीतता रहा समय, था वहां न किसी भांति का भय।
राजा को मिलती जाती थी, पग-पग पर ही साफल्य, विजय।।

९

एक दिन लौटा जब नृपति अयन, करने को दिन भर बाद शयन।
आ गये अतिथि कुछ अनायास, रहने को मांगी वहां शरण।।

१०

थे अतिथि वृन्द में सभी संत, जो घूम चुके थे दिग्-दिगन्त।
उनके नायक थे महान गुरु, जो थे सचमुच में एक महन्त।।

११

मांगा रहने को उचित स्थान, राजा ने तत्क्षण ससम्मान।
एक बड़ी हवेली में प्रबन्ध कर दिया जुटा सुविधा महान।।

१२

की उचित व्यवस्था भोजन की, जल स्नान आदि की, छाजन की।
इच्छा की पूर्ण नृपति ने, ले सँग राज-तनय को दर्शन की।।

१३

राजा ने सद्व्यवहार किया, सच्चा स्वागत सत्कार दिया।
हो गये सभी संतुष्ट संत, राजा ने सबको प्यार दिया।।

१४

चर्चा की वैदिक दर्शन की, चर्चा की भक्ति-समर्पण की।
चर्चा की भगवद् गीता की, चर्चा की मानव-जीवन की।।

१५
हो महन्त की बातों में लय, था सुखानन्द हो गया विलय।
हो गया राजसुत खेल मग्न, आ गई अचानक महाप्रलय।।

१६
था एक प्रेत का वहां ठिया, जिसने छल का उपकरण किया।
उस भोले-भाले राजपुत्र का, प्राण अचानक हरण किया।।

१७
सहसा ही भयाक्रान्त होकर, नृप ढिंग दौड़े नौकर चाकर।
सुन हृदय विदारक समाचार, हो गया भूप का विकृत स्वर।।

१८
अन्तर में ममता-ज्वार उठा, सहसा उर कर चीत्कार उठा।
सह सका न सुखानन्द यह सब, था मन में हाहाकार उठा।।

१९
कर व्यंग्य कहा, "हे सन्त ! प्रवर, दर्शन आपका हुआ सुखकर।
आगमन आपका सिद्ध हुआ, सच्चे अर्थों में ही हितकर।।

२०
था एकमात्र यह सुत मेरा, माँ की ममता का था डेरा।
था ज्योति हमारी आंखों की, है हुआ राज में अंधेरा।।

२१
मर गया अचानक पुत्र आज, है व्यर्थ मुझे अब राज-काज।
हे महंत मेरे जीवन में, है रही उदासी ही विराज।।"

२२
तब कहा संत ने होकर नत, "नृप ! चलो देख लें तेरा सुत।"
पहुंचे गीता-वाचक ब्राह्मण, नृप-महन्त, जहां पड़ा सुत मृत।।

२३

ब्राह्मण ने सब रहस्य जाना, करतूत प्रेत की है माना।
देखी नृप सुत की नस नाड़ी, पल भर में ही सच पहचाना।।

२४

ब्राह्मण बोला "हे प्रेत ! भ्रष्ट, कर राजतनय पर कृपा दृष्टि।
जीवित कर दे पुनि राजपुत्र, तुझ पर कर दूंगा सुधा वृष्टि।।

२५

पहले तू अपनी कथा सुना, अपने अंतर की व्यथा सुना।
सच कह दे सारी बात आज, तू मुझे नहीं अन्यथा सुना।।

२६

हे प्रेत ! तुझे छुड़वाऊंगा, तेरी हर व्यथा मिटाऊंगा।
एकादशवां अध्याय तुझे, गीता का पूर्ण सुनाऊंगा।।"

२७

यूं कहने लगा प्रेत तत्क्षण, "मैं पूर्व जन्म में था ब्राह्मण।
मैं इसी गांव में करता था, कृषि कर्म धर्म औ सदाचरण।।

२८

पर एक दिवस ऐसा आया, थी धूप कड़ी, औ न थी छाया।
हल जोत रहा था खेत बीच, एक दुर्बल विप्र वहां आया।।

२९

उसने न किसी से कुछ भी कहा, चुपके–चुपके सब कष्ट सहा।
सहसा वह आगे चल न सका, गिर पड़ा खेत में, रुधिर बहा।।

३०

मैं रहा व्यस्त उस निर्जन में, आई न दया मेरे मन में।
आई एक चील, नोच खाया, पड़ गये घाव उसके तन में।।

३१
आया न ध्यान कुछ कर पाता, बढ़ उसे चील से छुटवाता।
कर यत्न ज़रा सा उस दुर्बल, द्विज की सहायता कर पाता।।

३२
थी परमेश्वर की ही माया, एक और विप्र भी था आया।
जब देखा उसने करुण दृश्य, उसका अन्तर भर-भर आया।।

३३
क्रोधित हो उसने मुँह खोला, अति तिरस्कार-पूर्वक बोला।
"निर्दयी! देख कर दीन दशा, इसकी न तेरा तन-मन डोला।।

३४
सच में तू इसका घाती है, तन चील नोच कर खाती है।
आंखों के अंधे छुड़ा सके, क्यों दया न तुझको आती है ?

३५
तू युग-युग तक दुःख पायेगा, चीखेगा औ चिल्लायेगा।
जा तुझे श्राप देता हूँ मैं, तू प्रेत योनि को पायेगा।।"

३६
तू मानव जन्म न पायेगा, हर निमिष नर्क बन जायेगा।
रह प्रेत-योनि में युग-युग तक, तड़पेगा, अश्रु बहायेगा।।"

३७
उसने खदेड़ दी चील उड़ा, कर इलाज, द्विज को किया खड़ा।
सुन श्राप खुलीं मेरी आंखें, घबराकर द्विज के पाँव पड़ा।।

३८
अपनी सब कठोरता त्यागी, मन में सच्ची करुणा जागी।
भर आत्म-ग्लानि से पुनः पुनः, रो रोकर बहुत क्षमा मांगी।।

३९
"मेरी विनती स्वीकार करो, द्विजवर ! मेरा उद्धार करो।
कैसे हो पाऊं शाप मुक्त, कुछ युक्ति बता उपकार करो।।"

४०
विनती सुन उसका मन डोला, निज वचनों में अमृत घोला।
कैसे अभिशाप दूर होगा, करुणा करके वह द्विज बोला।।

४१
यह सच है तु दुःख पायेगा, मन में घुट-घुट रह जायेगा।
गीता का ग्यारहवां अध्याय, तुझे यदि कोई सुनायेगा।।

४२
हो जाये बेड़ा पार तभी, मिट जायेगा दुःख-भार सभी।
इस प्रेत योनि से पत्थर-दिल ! होगा तेरा उद्धार तभी।।

४३
यह प्रेत योनि छुट जाएगी, दुःख-दुविधा सब मिट जाएगी।
निर्दय ! मेरे इस ब्रह्म शाप से, तुझे मुक्ति मिल जाएगी।।"

४४
सुन कथा प्रेत की मनन किया, सोचा, समझा, हरि स्मरण किया।
क्या करूं बताओ हे राजन ! सविनय महन्त ने प्रश्न किया।।

४५
राजा बोला-"न विचार करो, अब अपल प्रेत उद्धार करो।
हो जाए राजसुत पुनि जीवित, कर यत्न, वृहत् उपकार करो।।"

४६
तब बैठा प्रेत सामने नत, निज भूल अहम् को और विगत।
मन में अति श्रद्धा भाव भरे, धर कर विश्वास हृदय अक्षत।।

४७

पूरा महन्त ने धर्म किया, निर्मल मन हो सद् कर्म किया।
कर ग्यारहवां अध्याय पाठ, विधिवत् समझा सब मर्म दिया।।

४८

यूँ पी अमृत का घूंट गया, अभिशाप-पाश था टूट गया।
द्विज ने कर पाठ, नीर छिड़का, वह प्रेत योनि से छूट गया।।

४६

दे महन्त को शत धन्यवाद, द्विज-चरण-स्पर्श कर साह्लाद।
पाई छवि श्याम सुँदर जैसी, हरि-भक्ति जगी उर में अगाध।।

५०

आ गया स्वर्ग से तब विमान, फिर लेने उसको ससम्मान।
वह तुरन्त उसमें कूद चढ़ा, कर गया इस जगत से प्रयाण।।

५१

जब प्रेत-प्रभाव हो गया क्षय, पाई महन्त ने उस पर जय।
हलचल सी हुई मृतक तन में, चैतन्य हो चला राज-तनय।।

५२

रुकते ही पाठ एक क्षण में, जीवन आया फिर जीवन में।
एकादशवां अध्याय सुना, आ गये प्राण सहसा तन में।।

५३

राजा की प्रभु ने सुनी विनय, ज्यूं गहरी निद्रा में था लय।
नारायण ! नारायण कहता, हो गया खड़ा उठ राजतनय।।

५४

पर सहसा नव विमान आया, था जिसे इन्द्र ने भिजवाया।
हूँसते-हँसते चढ़ जिस पर, राजपुत्र ने मनवांछित पाया।।

५५
था दिव्य तेज ज्योतित मुख पर, ज्योतित थे धरती औ अम्बर।
वह राजतनय भी स्वर्ग गया, मिल गया मुक्ति का उसको वर।।

५६
राजा भी दे शत धन्यवाद, भर कर उर में श्रद्धा अगाध।
गिर पड़ा विप्र के चरणों में, जब उसकी पूरी हुई साध।।

५७
राजा का विनष्ट राग हुआ, सहसा ही उदित विराग हुआ।
जीवन में नई ज्योति जागी, प्रभु चरणों में अनुराग हुआ।।

५८
द्विज-पद में विनत ललाट किया, सब मोह जाल को काट दिया।
सुन कर महन्त से भक्ति सहित, नृप ने भी गीता पाठ किया।।

५९
सुत की सुधि दी मन से बिसार, त्यागा पत्नी का परम प्यार।
सुख-सम्पति औ परिवार त्याग, पाया गीता का सत्य सार।।

६०
मांगी महन्त से क्षमा-दान, घटना का उसे निमित्त मान।
हो गया पूर्ण वैराग्य उसे, हो गया सत्य का उसे भान।।

६१
जल में डाले नित तुलसी दल, गंगाजी का पीता था जल।
जप करता था नारायण का, जय किया जाप से मन चंचल।।

६२
वह भूल गया सब ठाठ-बाट, कर गीता जी का नित्य पाठ,
मिल गई परम गति राजा को, पाये प्रभु के दर्शन विराट।।

६३
यूं उसका जीवन–सुमन खिला, संयम से पल भर नहीं हिला।
मिल गई शान्ति जीते जी ही, अंतिम क्षण उसको मोक्ष मिला।।

६४
प्रिय ! ग्यारहवां अध्याय पठन, दिखलाता विश्व रूप दर्शन।
है सकल सृष्टि ही लय मुझमें, मेरा ही बिम्ब मात्र त्रिभुवन।।

समाप्त

बारह

गरिमा

(भगवद् गीता माहात्म्य द्वादश अध्याय से सम्बन्धित महाकवि आदेश का खण्ड-काव्य)

"गरिमा" नामक इस लघु खण्ड काव्य का कथानक श्रीमद् भगवद् गीता के बारहवें अध्याय से सम्बन्धित है। इस काव्य में श्री नारायण द्वारा लक्ष्मी जी को सुनाई गई राजा शतानन्द, अनन्त नाम के एक दुराचारी पुरुष, एक गणिका तथा शतानीक की कथा का वर्णन किया गया है। कथा इस प्रकार हैः दक्षिण भारत में राजा शतानन्द का राज्य था, जिसमें प्रजा बड़े सुख से रहती थी। उसके ही राज्य में अनन्त नामक एक अत्यन्त दुष्ट और दुराचारी पुरुष भी रहता था। एक दिन अपने शरीर का व्यापार करने वाली एक वेश्या से उसकी आंख लग गई। दोनों ही वासना के मद में पागल होकर देवी मन्दिर में जाने लगे और मदिरा आदि का पान करके विषय भोग करने लगे। इस तरह कुछ दिन में ही वह मंदिर बदनाम हो गया। उस़ मंदिर में ही शतानीक नाम का एक सदाचारी ब्राह्मण भी भक्ति भाव से देवी का पूजन करता था। उसकी पत्नी बहुत सदाचारिणी थी। एक दिन उसकी श्रद्धा और पूजा से प्रसन्न होकर देवी उसके सम्मुख प्रकट हुई और कहा - "हे शतानीक अब जाग जाओ और अपना जप -

तप भी बंद कर दो।'' ब्राह्मण ने कहा - ''हे माता मैं बहुत दरिद्र हूँ। मेरे कोई सन्तान भी नहीं है।'' देवी ने कहा तेरी हर इच्छा पूरी हो जायेगी। लेकिन इसके लिए तुझे अनन्त और गणिका का उद्धार करना होगा। अन्यथा मैं तुम्हारी कोई इच्छा पूरी नहीं कर पाऊंगी। देवी की इच्छा जानकर शतानीक को बड़ा आश्चर्य हुआ कि देवी इतने बड़े दुराचारियों का कल्याण करने के लिए क्यों कह रही हैं। उसने मेरा (विष्णु जी का) ध्यान किया तो मैं (भगवान विष्णु) गरुड़ पर सवार होकर उसके पास पहुंच गया। मैंने उसकी समस्या को सुना और कहा कि तुम उन दोनों को किसी प्रकार गीता के बारहवें अध्याय का पाठ सुनाओ, जिससे उसका तुरन्त उद्धार हो जायेगा। यह सुनकर उसे गीता जी की गरिमा का सच्चा भान हुआ और उन दोनों को बुलवाकर गीता के बारहवें अध्याय का पाठ सुनाया। जिसे सुनकर उन दोनों पापियों का उद्धार हो गया। यह देखकर माता जगदंबा हँसती हुई शतानीक के पास गईं और उसे उन दोनों के पिछले जन्म का रहस्य समझाया। जगदंबा ने बताया कि गत जीवन में दोनों ही बड़े अच्छे भक्त थे, मगर योग-भ्रष्ट होकर अपना धर्म भूल गये थे। मैंने उनके संचित कर्मों के आधार पर ही उन्हें सद्गति दिलवाई। तेरा गीता पाठ सुनकर इन पापियों का कल्याण हो गया। मैं तुझसे बहुत प्रसन्न हूँ। आज से मेरा नाम वैष्णों देवी हो गया है। अब मैं तुझे इस नगरी का राज्य उपहार में देती हूँ। उधर राजा शतानन्द निसन्तान था। उसे गीता पढ़ कर आत्मज्ञान हो गया और देवी की प्रेरणा से उसे जग से विरक्ति भी हो गई। उसने स्वयं ही शतानीक को बुलवाया और उसे अपना राज-पाट

सौंपकर सपत्नी तप करने को चला गया। उसने वनों में भीषण तप किया और अपने अंतिम क्षणों में प्रभु के धाम चला गया। शतानीक ने भी मनवांछित संतति और संपत्ति पाई। वह जीवन भर गीता का बारहवां अध्याय पढ़ता रहा और अपने कर्त्तव्य से कभी विमुख नहीं हुआ और अंत काल में बैकुण्ठ धाम चला गया।

रचना काल : ३० नवम्बर, १९६७ ई० ; श्री आदेश आश्रम
ट्रिनिडाड (वेस्ट इंडीज़)

गरिमा

१

क्षीरोदधि में जो करें शयन, लक्ष्मी से बोले नारायण।
प्रिय ! गीता के द्वादश अध्याय-मर्म का कर दूं उद्‌घाटन।।

२

आओ, एक कथा सुनाता हूँ, कहकर जी को बहलाता हूँ।
प्रिय ! सुनो ध्यान से मैं तुमको, पूरा रहस्य बतलाता हूँ।।

३

दक्षिण प्रदेश में शतानन्द राजा का था शासन-प्रबन्ध।
सुख से रहती थी सकल प्रजा, सब चीज़ों का था भाव मन्द।।

४

अति लम्पट क्रूर दुराचारी, बदनाम बड़ा ही व्यभिचारी।
नगरी में रहता अनन्त नामक, एक कुख्यात अनाचारी।।

५

करती थी तन व्यापार ठगी, जिसकी न आत्मा कभी जगी।
सहसा एक दिन थी अनन्त की, उस गणिका से थी आंख लगी।।

६

वह हँसी-हँसी बन गई प्रीति, वे भूल गये सब रीति-नीति।
दोनों ही मन्दिर में जाकर, करने लग गये महा अनीति।।

७

देवी मन्दिर में जाते थे, मिलकर नित मौज मनाते थे।
कर मदिरा पान, मांस भक्षण, कर विषय भोग सुख पाते थे।।

८

कुछ और न कभी सूझता था, यदि कोई कभी पूंछता था।
कहते, मां की सेवा करते, उनसे कोई न जूझता था।।

९

मन्दिर में देवी की प्रतिमा, पूजन-अर्चनादि महिमा।
कर दी थी बिलकुल नष्ट-भ्रष्ट, मन्दिर की सब गौरव गरिमा।।

१०

सब देख, दूर हट जाते थे, डरते थे, रार बचाते थे।
सब आंख बचाकर, पूजा कर, जैसे आये थे, जाते थे।।

११

पूरी नगरी में नाम हुआ, सारा ही यश नीलाम हुआ।
नगरी में चर्चा विषय बना, इस विधि मन्दिर बदनाम हुआ।।

१२

तन-मन से सेवा करता था, लड़ता न कदापि झगड़ता था।
उस मन्दिर में ही देवी की, एक ब्राह्मण पूजा करता था।।

१३

थी शतानीक संज्ञा पुनीत, वह था स्वभाव से अति विनीत।
पत्नी भी थी अति शीलवती, पति-चरणों में ही रगी प्रीत।।

१४

दिन-रात कीर्त्तन और भजन, मन से करता देवी पूजन।
पढ़ता था देवी सूक्त रोज़, रहता था देवी-ध्यान मगन।।

१५
संकट में भी रहता न खिन्न, होता विश्वास न छिन्न-भिन्न।
दम्पति की ही देवी पद में, थी भक्ति सदा रहती अभिन्न।।

१६
पूजन से देवी तुष्ट हुई, नैवेद्य प्राप्त कर पुष्ट हुईं
आई एक दिन उस के सम्मुख, श्रद्धा से थीं संतुष्ट हुईं।

१७
"हे शतानीक ! जागो ! जागो ! अब अपना इच्छित वर मांगो।
ब्राह्मण की स्तुति से हो प्रसन्न, देवी बोलीं-अब तप त्यागो।"

१८
ब्राह्मण बोला-"करुणानिधान! कर दो दरिद्रता का निदान।
अब तक न पा सका संतति-सुख, माता! दे दो सन्तान-दा न।।"

१६
देवी बोलीं-"हर्षायेगा, संतति संपत्ति सुख पायेगा।
द्विज अनन्त-गणिका का तुमसे उद्धार अगर हो जायेगा।।

२०
पाओगे तब तक सार नहीं, अपना इच्छित संसार नहीं।
तुम अनन्त-गणिका का जब तक, कर पाओगे उद्धार नहीं।।

२१
सम्मान नहीं दे पाऊंगी, धन-धान्य नहीं दे पाऊंगी।
हे शतानीक ! तुझको कोई सन्तान नहीं दे पाऊंगी।।"

२२
सुन शतानीक हैरान हुआ, पल भर को तो निष्प्राण हुआ।
देवी को देकर वचन प्रिये ! संकट में उसका प्राण हुआ।।

२३
थे अनन्त-गणिका व्यभिचारी, ऊंचे दर्जे के अभिचारी।
करते थे खुले आम अनुचित, मन्दिर में वे पापाचारी।।

२४
उनका उपकार चाहती हैं? उनका सत्कार चाहती हैं?
क्यों देवी उन पर है कृपालु, उनका उद्धार चाहती हैं?

२५
अवरुद्ध सकल व्यभिचार करे, कैसे उनका उपकार करे?
वह समझ न पाया रंच प्रिये ! कैसे उनका उद्धार करे?

२६
उसने मेरा स्तुति गान किया, हे लक्ष्मी ! मेरा ध्यान किया।
सम्पूर्ण भक्ति औ श्रद्धा से, उसने मेरा आह्वान किया।।

२७
सुन कर उसकी विनती अपार, मैं तुरत गरुड़ पर हो सवार।
पहुंचा, पूंछा क्या संकट है, बोलो, हे भक्त परम उदार।।

२८
प्रिय ! शतानीक ब्राह्मण भोला, कर चरण-वन्दना यूं बोला।
"भगवन ! उपाय कुछ बतलाओ, इन अधमों का बदले चोला।।

२९
हैं अनन्त गणिका अति पापी, कैसे बन जायें निष्पापी?
कैसे उद्धार करूं उनका, यह विकट समस्या है व्यापी।।"

३०
मैंने दी एक सम्मति उसको, तुम निकट बुलाओ द्विज उनको।
गीता का बारहवां अध्याय, किसी विधि समझाओ उनको।।

३१
सुन बारहवां अध्याय तुरत, कट जायेंगे सब पाप विगत।
होगा उद्धार पापियों का, तुमको भी होगा लाभ वृहत्।।

३२
होगी कामना पूर्ण सारी, महकेगी जीवन की क्यारी।
पाओगे यश-वैभव-समृद्धि, फूलेगी जीवन फुलवारी।।"

३३
कह कर मैं अंतर्ध्यान हुआ, उसको सच का कुछ ज्ञान हुआ।
गीता जी की गरिमा, महिमा का, उसको भी कुछ भान हुआ।।

३४
उसने आदेश किया पालन, बुलवाया दोनों को फौरन।
गीता का बारहवां अध्याय, सुनाया विधिवत् दे विवरण।।

३५
सुन, हुआ अनन्त-हृदय निर्मल, गणिका का मन भी हुआ विमल।
दोनों पापों से हुये मुक्त, दोनों की बुद्धि हुई अचपल।।

३६
कर बारहवां अध्याय श्रवण, हरि-चरणों कर चित्त रमण।
जगदम्बा की कर स्तुति अनन्य, वे जीत गये माया का रण।।

३७
दोनों ने ही सद् मति पाई, सच में अध्यात्म प्रगति पाई।
बैकुण्ठ गये सँग-सँग दोनों, तज देह स्वतः सद्गति पाई।।

३८
हो प्रसन्न अम्बा प्रकट हुई, हँस शतानीक के निकट गई।
बोलीं "मैं तुमसे हूँ प्रसन्न, हल आज समस्या विकट हुई।

३९

तुमसे गीता सुनवाई क्यों? उनकी सद्‌गति करवाई क्यों?
तुम सोच रहे होगे मन में, पतितों को मुक्ति दिलाई क्यों?

४०

गत जीवन में थे भक्त प्रबल, थी दोनों की ही भक्ति अचल।
पर योग-भ्रष्ट हो गये, अतः है बना दिया यह जन्म सफल।।

४१

थे भोग रहे प्रारब्ध कर्म, थे भूल गये पल को स्वधर्म।
उनको सद्‌गति दिलवाई जो, थे उनके संचित पुण्य कर्म।।

४२

तेरे द्वारा शुभ काम हुआ, जिसका सुन्दर परिणाम हुआ।
पंडित ! सुन अब से मेरा, है वैष्णव देवी नाम हुआ।।

४३

सुनकर गीता का पाठ आज, पापी जन के बन गये काज।
तुझ पर प्रसन्न हो देती हूँ, मैं इस नगरी का तुझे राज।।"

४४

इतना कह अंतर्ध्यान हुई, उसको दे शुचि वरदान गई।
वह विप्र गया अपने घर को, ले जीवन की पहचान नई।।

४५

नृप शतानन्द था निःसन्तान, गीता पढ़ पाया आत्म-ज्ञान।
जगदम्बा की प्रेरणा हुई, उसको विरक्ति का हुआ भान।।

४६

उसको स्वयमेव समझ आया, द्विज शतानीक को बुलवाया।
निज राजपाट को सौंप उसे, जाने का प्रबन्ध करवाया।।

४७

निज विकृतियों को जला गया, कर शतानीक का भला गया।
वह सहर्ष निज पत्नी समेत, तप करने वन को चला गया।।

४८

जीता मन का हर ओर-छोर, तप किया वनों में रह कठोर।
अंतिम क्षण प्रभु के धाम गया, मिल गई मुक्ति औ नया भोर।।

४६

उस द्विज ने यश सद् मति पाई, मनवांछित थी संतति पाई।
पीढ़ियों न हो पाये समाप्त, उसने अतुलित संपति पाई।।

५०

पढ़ बारहवां अध्याय श्रेष्ठ, द्विज रहा उम्र भर ही सचेष्ट।
कर्त्तव्य-पंथ से नहीं डिगा, वह कभी न रह पाया निश्चेष्ट।।

५१

गीता की अतुलित महिमा है, गीता तो सत्य अनुपमा है।
पढ़-सुन पापी तर जाते हैं, गीता की ऐसी गरिमा है।।

५२

उल्लेख भक्ति का है भाता, भक्तों के लक्षण बतलाता।
द्वादश अध्याय सिन्धु-दुहिते ! शुचि भक्ति योग है कहलाता।।

५३

है अगुण-सगुण में कौन श्रेष्ठ? साकार-निराकृत में वरेष्ठ।
अर्जुन के प्रश्न और हरि के, उत्तर का सार दिया यथेष्ट।।

५४

है श्रेष्ठ सगुण-साकार डगर, तप निराकार-निर्गुण दुष्कर।
देहाभिमानियों के द्वारा, चलना दुर्वह निर्गुण पथ पर।।

५५

रख मुझमें अनन्य भाव प्रखर, कर्मों को मुझे समर्पित कर।
मुझमें ही रमा रहे जो नित, उसका जीवन होता सुखकर।।

५६

प्रिय ! दिव्य कान्ति मिल जाती है, जग-भ्रान्ति स्वतः मिट जाती है।
जो करे कर्म-फल त्याग उसे, अविलम्ब शान्ति मिल जाती है।।

५७

जो अमल भक्ति कर पाता है, मेरे समीप आ जाता है।
मेरे प्रिय भक्तों के लक्षण, द्वादश अध्याय बताता है।।

समाप्त

तेरह

सत्संगति

(भगवद् गीता माहात्म्य त्रयोदश अध्याय से सम्बन्धित महाकवि आदेश का खण्ड-काव्य)

"सत्संगति" नामक इस लघु खण्ड काव्य का कथानक श्रीमद् भगवद् गीता के तेरहवें अध्याय से सम्बन्धित है। इस काव्य में श्री नारायण द्वारा लक्ष्मी जी को सुनाई गई पति प्रवंचिका कुलटा नारी पुष्प लतिका की कथा का वर्णन किया गया है। कथा इस प्रकार हैः दक्षिण भारत में हरिनाम नाम का एक नगर था। उसमें एक पुष्प लतिका नामक एक अत्यन्त कुलटा नारी रहती थी। यद्यपि उसे अपने पति का पूर्ण प्यार मिला हुआ था, परन्तु वह विश्वासघातिनी और दुश्चरित्रा थी। उसे अपने रूप पर बहुत गुमान था। वह कितने ही पर-पुरुषों से सम्बन्ध रखती थी। एक दिन उसने अपने एक प्रेमी को किसीं मिलन-स्थल पर मिलने का वचन लिया। परन्तु वह पुरुष गलती से किसी अन्य वन में चला गया। इधर लतिका नियत जंगल़ में अपने उपपति का इन्तज़ार कर रही थी। तभी वहां एक शेर आ गया। उसने कहा कि मैं तुझे खाने के लिए आया हूँ। भय के मारे लतिका सीधी हो गई। अपनी मृत्यु की घड़ी सामने देखकर निर्भय होकर बोली कि पहले मुझे यह बताओ कि तुम पिछले जन्म में कौन थे? शेर ने बताया कि मैं

पिछले जन्म में एक दुष्ट आचरणवाला पाखण्डी और लोभी ब्राह्मण था। मैं झूठे चमत्कार दिखाकर लोगों को ठगता था। मुझमें सभी तरह के व्यसन थे। मेरी पत्नी बहुत सुन्दर और सुशीला थी। किन्तु मैं विश्वसनीय पति नहीं था। एक दिन मैं बुरा काम करने के लिए घर से बाहर निकला और मार्ग में गिरते ही मर गया। यमदूत के गण जब रस्सी में बांध कर उनके सामने ले गये तो उन्होंने मेरे सारे बुरे काम गिनाये और दूतों को आदेश दिया कि पहले इसको घोर यंत्रणा दो और अंत में इसे शेर का जन्म दो ताकि जो लोग केवल मांस-मदिरा लेने वाले व्यभिचारी लोग हों , उनका यह भक्षण करे। तब से सिंह बना हुआ घूमता हूँ। पापी लोगों को मारकर अपना पेट भरता हूँ। तू अत्यन्त कुलक्षिणी नारी है। मैं आज तेरा भक्षण करूंगा। उसने लतिका को पल भर में ही फाड़कर खा लिया। जब यमराज के दूत उसे पकड़ कर ले गये तो उन्होंने नारी के शुभ लक्षण बताये और कहा कि तूने नारी होकर भी बहुत बुरे काम किये हैं। तू चाण्डाल हो जा। एक दिन उसने देखा कि नर्मदा नदी के तट पर एक गीता पाठी ब्राह्मण गीता का तेरहवां अध्याय पढ़ रहा था। जिसे सुनकर उसके पाप नाश हो गये और अंत में जब उसके प्राण निकले तो उसे दिव्य रूप मिल गया और वह स्वर्ग धाम चली गई। उसने जाते-जाते ब्राह्मण को धन्यवाद दिया और हरि के पार्षदों से प्रार्थना की कि जिस शेर ने मुझे खाकर मेरा उपकार किया उसे भी साथ में ले चलो। पार्षदों ने कहा – तुम्हारी प्रार्थना ठीक है, परन्तु हम पूरी नहीं कर सकते। यह घड़ी नहीं टल सकती। हां, यदि कोई निर्मल मनवाला ब्राह्मण

अपने गीता पाठ का फल इसे दे दे तो यह अभी हमारे साथ चल सकता है। यह सुनकर उसने उस गीतापाठी ब्राह्मण से विनय की कि वह उसे अपने गीता पाठ का फल शेर को दे दे। जिससे वह भी देवयोनि पा जाये। पंडित ने उसकी विनती स्वीकार की और अपना गीता पाठ का फल उसे दे दिया, जिससे वह शेर भी निष्पाप होकर चाण्डाली के साथ ही स्वर्ग चला गया।

रचनाकाल १५.११.१९९६ (बी. डब्ल्यू. आई. ए.
उड़ान-टोरॉन्टो से ट्रिनिडाड)

सत्संगति

१

लक्ष्मी से बोले हरि हँसकर, दक्षिण में था हरिनाम नगर।
एक नारी रहती थी उसमें, करती सदैव थी अगर-मगर।।

२

यूं तो कहने को ब्याही थी, पति की भी अति मनचाही थी।
घर में इतनी आमदनी न थी, पर, रहती जीवन शाही थी।।

३

यद्यपि था नाम पुष्प लतिका, पाया था पूर्ण प्यार पति का।
पर थे उसके ऐमाल बुरे, मानो हो एक गुप्त गणिका।।

४

करती थी नित उल्टा-सुलटा, कहते थे लोग उसे कुलटा।
कहते हैं जिसको सदाचार, करती थी वह उसका उलटा।।

५

उस जैसा कोई धृष्ट न था, उस सम कोई निकृष्ट न था।
जिसको न लिखा अघ की मसि से, जीवन-पुस्तक में पृष्ठ न था।।

६

पति उस पर जान छिड़कता था, भूले से नहीं घुड़कता था।
करती कितना भी ढीठपना, वह बिलकुल नहीं झिड़कता था।।

७
जिसकी भी उसे मनाही थी, करती वह लापरवाही थी।
सबको ही नित्य कोसती थी, गाली देती मनलाही थी।।

८
पर पतियों को लिखती खर्रे, था नहीं किसी का भी डर रे।
थी माल चीरती सबका ही, यूं सदा उड़ाती गुलछर्रे।।

९
मिलता है जिसको रूप अतुल, प्रायः आता अभिमान विपुल।
रूपाभिमान होता घातक, हो जाती है वह वाम चटुल।।

१०
था उसको रूप गुमान बहुत, तारीफें सुन अभिमान बहुत।
थी उसे चापलूसी पसन्द, करती सब का अपमान बहुत।।

११
थी विषय वासना की मारी, बन गई अत्यन्त दुराचारी।
बनकर पुरुषों की भोग्य वस्तु, लगता कि गई थी मति मारी।।

१२
देती थी बिलकुल दान नहीं, था धर्म कर्म का ज्ञान नहीं।
पर पीड़ा में सुख मिलता था, था पाप पुण्य का भान नहीं।।

१३
वह निश–दिन मौज उड़ाती थी, बस माल मुफ़्त का खाती थी।
कर देती उस नर को विनष्ट, जिस पर निगाह पड़ जाती थी।।

१४
भय समाज से न रंच खाती, जिसको भी चाहे बुलवाती।
कर नव फैशन, सज–सँवर रोज़, पर पुरुषों से मिलने जाती।।

१५

एक दिन एक जन को दिया वचन, हो अमुक स्थान में मधुर मिलन।
वह पुरुष अन्यत्र किसी वन में, ग़लती से चला गया लेकिन।।

१६

हैरान हुई थक कर लतिका, जो देख रही थी पथ उसका।
ले ले पुकारती नाम विकल, उस जंगल में उस उपपति का।।

१७

इतने में एक सिंह आया, लतिका को देखा, गुर्राया।
बोला वह उससे गुर्राकर, मैं हूँ तुझको खाने आया।।

१८

पल भर में सारी शान गई, पल भर में झूठी शान गई।
थी मौत खड़ी सामने वहां, लतिका ने देखा जान गई।।

१६

आये सारे दुष्कर्म याद, आ गये समस्त अधर्म याद।
सारे कुकर्म नाचने लगे, आंखों के आगे निर्विवाद।।

२०

पल भर भी प्रभु की याद न की, वह मृत्यु-घड़ी बरबाद न की।
हो गया ज्ञान पापिन है वह, इसलिए ज़रा फरियाद न की।।

२१

निर्भय बोली, "निश्चित खाओ, लेकिन पहिले यह बतलाओ।
थे विगत जन्म में कौन? बने जो सिंह, मुझे यह समझाओ।।"

२२

यूं कहने लगा, सिंह "री सुन ! मुझमें थे अवगुण ही अवगुण।
मैं पूर्व जन्म में ब्राह्मण था, कहलाता था सब शास्त्र निपुण।।

२३

कहने को तो मैं ब्राह्मण था, अपनाता दुष्ट आचरण था।
था नित असत्य भाषण करता, दुःख देता सदा अकारण था।।

२४

वेदों की सीख नहीं मानी, पढ़ उन्हें, बन गया अभिमानी।
सद् विप्रों का अपमान किया, बन गया ज्ञान पा अज्ञानी।।

२५

वाणी में एक आकर्षण था, मैं भीषण भाषण करता था।
बन व्यास, पुरोहित, उठा लाभ, जग भ्रष्ट अकारण करता था।।

२६

था मुझे दक्षिणा से लगाव, था मुझे प्रशंसा से लगाव।
था मुझे प्रलोभन धन-यश का, था मुझको सत्ता से लगाव।।

२७

मैं अहंकार का मारा था, अपने प्रचार का मारा था।
मैं घोर अविद्या के गहरे, बस अंधकार का मारा था।।

२८

मैं पाखण्डों में बहक गया, झूठे पण्डों में बहक गया।
जिससे कर सकूं प्रभावित जग, उन हथकण्डों में बहक गया।।

२९

मैं चमत्कार दिखलाता था, हर दिल पर ही छा जाता था।
जग चरण चूमता था मेरे, मैं सबको मूर्ख बनाता था।।

३०

करता अश्लील गान छुपकर, लेता था ग़लत दान छुपकर।
खाने लग गया अभक्ष्य खाद्य, करता था सुरा पान छुपकर।।

३१

लेता था गांजा, भांग, चरस, आता था खुद पर नहीं तरस।
अन्दर से मैं था अति निन्दक, बाहर से था व्यवहार सरस।।

३२

वेदों का पठन और पाठन, पूजा - अर्चना कथावाचन।
करता प्रमाद शुभ कर्मों में, करता था सदा असत्य वाचन।।

३३

अन्दर से बहुत घमण्डी था, विषयों में रत उद्दण्डी था।
करता था नित प्रति ढोंग बहुत, पर सचमुच में पाखण्डी था।।

३४

पत्नी सुन्दर सद् शीला थी, पतिव्रता, न रंच कुशीला थी।
पर मेरी बात नहीं पूंछो, मेरी अदभुत ही लीला थी।।

३५

मन कभी - कभार भटक जाता, जब नारी स्वयं निकट पाता।
रखता न किसी से किन्तु कभी, मैं रंच नहीं स्थायी नाता।।

३६

ये सारे काम अब्राह्मण के, सद् शास्त्र-विरुद्ध आचरण के।
मिल सकी न मानव देह पुनः, इस सिंह योनि के कारण थे।।

३७

मैं झूठ बोलता था हर दम, तन-मन पर छाया रहता तम।
धोखा दे हरता सबका धन, सोचो, ये कारण थे क्या कम?

३८

एक दिन घर से बाहर निकला, निकृष्ट कार्य हित पुनः चला।
गिर गया मार्ग में, गिरते ही, तन से अविलम्ब प्राण निकला।।

३९

यमदूतों ने कस पकड़ लिया, अपने पाशों में जकड़ लिया।
ले धर्मराज के पास गये, जिसने उनको आदेश दिया।।

४०

बोले - "कहने को था ब्राह्मण, लेकिन रखता था दुराचरण।
इसकी करनी का हे दूतों, हो सकता शीघ्र न निराकरण।।

४१

ब्राह्मण का कार्य वेद पढ़ना, तज भोग, योग - सीढ़ी चढ़ना।
अन्यों को सही पंथ दिखला, अध्यात्म मार्ग में ही बढ़ना।।

४२

इन्द्रिय-लोलुपता को तजकर, सारे प्रलोभनों से बचकर।
करना जप-तप, अध्ययन-ध्यान, रहना आदर्श पात्र बनकर।।

४३

जैसे भी संभव हर प्रकार, अन्तर से तजकर षड्विकार।
कर धर्म - कर्म नैतिक रक्षा, अपना व्यक्तित्त्व स्वतः निखार।।

४४

ब्राह्मण होता आचरणवान, ब्राह्मण होता है ज्ञानवान।
ब्रह्मा का मुख कहलाता है, ब्राह्मण होता है बुद्धिमान।।

४५

सबको सद् पथ दिखलाता है, जीवन का अर्थ बताता है।
ईश्वर में जिसकी लगी लगन, ब्राह्मण जग-गुरु कहलाता है।।

४६

जो भक्ष्याभक्ष्य नहीं खाये, हर पेय-अपेय नहीं भाये।
उर में करुणा हो सबके प्रति, जिसको न चाटुकारी आये।।

४७

सुख देख किसी का, क्लेश न हो, देता नाहक उपदेश न हो।
जिसके उर में न ईर्ष्या हो, जिसके मन मे विद्वेष न हो।।

४८

निज कुल का नाम डुबोया है, अपना सम्मान डुबोया है।
इसने कुकर्म कर, बूढ़े ब्रह्मा जी का नाम डुबोया है।।

४६

लगता है मदिरा - मांस भला, ठगने की आती इसे कला।
सीधे - सादे से भक्तों को, पाखण्डों से है सदा छला।।

५०

दूतों ! पहिले इसको बांधो, इसको हर घोर यंत्रणा दो।
फिर सता सताकर रोज़ इसे, सीधा कर दो, इसको साधो।।

५१

जो मदिरा-मांस करे भक्षण, जो करे न धर्म-कर्म - रक्षण।
दो इसे सिंह का जन्म, करे व्याभिचारी जन के प्राण हरण।।

५२

जो वर्ण - आश्रम - धर्म तजे, जिसको अन्यों का धर्म सजे।
जो पड़ प्रलोभनों में जग के, ईश्वर - देवों को नहीं भजे।।

५३

हर व्यभिचारी नर-नारी का, हर कुशील पापाचारी का।
यह करे सर्वदा प्राण - हरण, हर निकृष्ट स्वेच्छाचारी का।।

५४

पर, जो हों सच्चे वैष्णव जन, मन से करते हों भक्ति-भजन।
जो सच्चरित्र, ईमानदार, उनका न कदापि हरे जीवन।।

५५

तब से बन सिंह विचरता हूँ, पग सोच समझ कर धरता हूँ।
पापी लोगों को मार-मार, मैं नित्य उदर को भरता हूँ।।

५६

कहने को तू एक पत्नी है, अच्छे साजन की सजनी है।
पर है प्रत्येक दिवस काला, काली तेरी हर रजनी है।।

५७

तू नहीं जीव साधारण है, करती नित पाप अकारण है।
तू नारी नहीं वेश्या है, तू दुराचार का कारण है।।

५८

हैं तुझमें खल के सब लक्षण, मैं आज करूं तेरा चर्वण।
श्री धर्मराज की आज्ञा से, करता हूँ अब तेरा भक्षण।।"

५९

वह लतिका के समीप आया, पल भर में उसे फाड़ खाया।
यमदूत पकड़ ले गये उसे, तब धर्मराज ने फरमाया।।

६०

"यह नारी कुल-कलंकिनी है, पति-कृतघ्न औ कुलक्षिणी है।
नारी की मर्यादा तोड़ी, यह औरत नहीं सर्पिणी है।।

६१

नारी ममता की मूल अचल, नारी निष्ठा का फूल अमल।
नारी करुणा की मूर्त्ति सदा, नारी देवी का रूप विमल।।

६२

अम्बर का सारा भार टिका, धरती का वेग अपार टिका।
नारी की पवित्रता पर ही, यह है सारा संसार टिका।।"

६३
फिर धर्मराज ने हुकुम दिया, उसको चाण्डालिन बना दिया।
वह लगी भटकने वन–वन में, ऐसा उसका दुर्भाग्य किया।।

६४
एक दिन नर्मदा नदी तट पर, फिरती थी चाण्डालिन बेघर।
देखा, एक पंडित गीता का, अध्याय त्रयोदश पढ़ता वर।।

६५
नित प्रति पंडित के ढिंग जाकर, वह सुनने लगी ध्यान धर कर।
सत्संगति से पाया विवेक, अध्याय त्रयोदश सुन सुनकर।।

६६
उसके पापों का नाश हुआ, संस्कार मिले, उल्लास हुआ।
सत्संग किया खुल गये चक्षु, जीवन में नया प्रकाश हुआ।।

६७
जब प्राण छुटे चाण्डाली के, उस विमल आचरणवाली के।
मिल गई देवता योनि तुरत, निर्मल अन्तर्मनवाली को।।

६८
जब चली स्वर्ग को पुलकित हो, आश्चर्य हुआ उस पण्डित को।
पूंछा –"क्या पुण्य किया ऐसा, जो स्वर्ग मिल गया है तुझको।।"

६९
चाण्डाली बोली – "नमस्कार, हे पण्डित तुमको लाख बार।
आपकी कृपा से हुआ संत ! जो देख रहे हो, चमत्कार।।

७०
हे परम पूज्य ! हे महात्मन ! कर करके गीता–पाठ श्रवण।
मैं देवलोक को चली आज, हो गया धन्य मेरा जीवन।।"

७१
वह बोली पुनि पार्षद-गण से, बैकुण्ठ लोक-सेवक जन से।
"सविनय करती प्रार्थना एक, तुम सबसे मैं सच्चे मन से।।

७२
जिसने उस दिन मुझको खाया, था मुझको शीश दिखलाया।
ले चलो सिंह को साथ आज, जिसने सुमार्ग था बतलाया।।

७३
खाकर मुझको, उपकार किया, है मेरा भाग्य सँवार दिया।
मैं ऋणी रहूँगी बन्धु ! सदा, जिसने मेरा उद्धार किया।।"

७४
तब कहने लगे सभी पार्षद, "करती हो विनय अवश्य सुखद।
पर संभव नहीं सिंह जाये, तज कर के यह सांसारिक हद।।

७५
हां, एक बात हो सकती है, यह घड़ी नहीं टल सकती है।
जा सकता सिंह साथ संप्रति, यह विनय पूर्ण हो सकती है।।

७६
मेरा विचार है, सुन हे शुभदे ! ओ महाभागिनी शुचि प्रमदे !
मैं सोच रहा हूँ युक्ति जोकि, तेरी इच्छा पूरी कर दे।।

७७
गीता - पाठी पंडित अविचल, अपने मन से सहर्ष अविकल।
दे दे यदि गीता-पाठन का, इस सिंहराज को अपना फल।।"

७८
पंडित से बोली वह सविनय, "हे कृपासिन्धु ! विद्वद् सहृदय !
स्वेच्छा से गीता-पाठन का फल, अपना दे दो अगर सदय।।

७६

यह देव - योनि पा जायेगा, यह सिंह मुक्ति पा जायेगा।
हो जाये कृपा आपकी यदि, यह भी भव से तर जायेगा।।"

८०

पंडित ने यह स्वीकार किया, विनती को अंगीकार किया।
फल अपना, गीता-पाठन का, दे केहरि का उद्धार किया।।

८१

हो सिंह तुरत निष्पाप गया, मिट उसका सारा ताप गया।
पाकर फल गीता पढ़ने का, चाण्डाली के सँग स्वर्ग गया।।

८२

अध्याय त्रयोदश जो पढ़ता, पढ़कर उसके पथ पर चलता।
या जाने-अनजाने सुनता, लक्ष्मी ! उसको शुभ फल मिलता।।

८३

अध्याय त्रयोदश बतलाता, क्या क्षेत्र - क्षेत्रज का नाता।
है आत्मा औ परमात्मा एक, तरता, जो इसे समझ पाता।।

८४

हो कैसे प्रभु - साक्षात्कार? है वर्णित इसमें चमत्कार।
है कार्य प्रकृति का क्या जग में, बतलाया इसमें सविस्तार।।

८५

आ जाए अकर्त्तापन मन में, निर्लिप्त रहे नर त्रिभुवन में।
दुःख का रहता है नाम नहीं, सब कुछ संभव फिर जीवन में।।

८६

हे लक्ष्मी ! यह अध्याय मधुर, सचमुच में है अति ही सुन्दर।
जो समझे, भव से तर जाये, श्री हरि बोले यूं मुस्काकर।।

समाप्त

चौदह

महत्त्व

(भगवद् गीता माहात्म्य चतुर्दश अध्याय से सम्बन्धित महाकवि आदेश का खण्ड-काव्य)

"महत्त्व" नामक इस लघु खण्ड काव्य का कथानक श्रीमद् भगवद् गीता के चौदहवें अध्याय से सम्बन्धित है। इस काव्य में श्री नारायण द्वारा लक्ष्मी जी को सुनाई गई काश्मीर के राजा सूर्यवर्मा तथा संकलद्वीप के राजा की मित्रता तथा उपहारों की कथा का वर्णन किया गया है। कथा इस प्रकार है: काश्मीर में एक राज्य था, जिसका नाम सरस्वती था। वहां राजा सूर्यवर्मा का सुन्दर शासन था। संकलद्वीप का राजा उसका मित्र था। एक बार संकलद्वीप के राजा ने सूर्यवर्मा के लिए बहुत से अमूल्य उपहार भेजे। उसके बदले में सूर्यवर्मा ने बहुत विचार करके संकलद्वीप में न मिलने वाले कुछ शिकारी कुत्ते उपहार स्वरूप भेजे। जिन्हें पाकर संकलद्वीप का राजा बहुत प्रसन्न हुआ। एक दिन संकलद्वीप का राजा अपने मित्रों के सँग आखेट के लिये गया। वहां एक शर्त रखी गई कि जिसका कुत्ता पहले शिकार पकड़ेगा वही विजयी समझा जायेगा। राजा के कुत्ते ने दौड़कर एक शूकर को पकड़ लिया। इस पर लोगों ने हर्षपूर्वक शोर मचाया, जिससे कुत्ता घबरा गया और शूकर उसके मुख से निकलकर भाग गया।

यद्यपि शूकर को कुत्ते के गहरे दांत लगे थे, जिससे उसके खून टपक रहा था। परन्तु वह फिर भी अपनी जान बचाने के लिये इतनी तेज़ी से भागा कि कुत्ता बहुत पीछे छूट गया। उस जंगल में एक संत की कुटी थी, जिसके समीप ही एक सुन्दर सरोवर था। वह शूकर भागते-भागते उस सरोवर में जा गिरा। उसके पीछे-पीछे भाग कर आने वाला कुत्ता भी उसमें जा गिरा। इतने में संकलद्वीप का राजा भी अपने घोड़े पर चढ़ा हुआ वहां आ पहुंचा। वह यह देखकर चकित रह गया कि वहां शूकर और श्वान दोनों ही पशु मरे पड़े थे और दोनों दिव्य देह प्राप्त कर वहीं खड़े हुये थे। दोनों ने झुककर राजा को प्रणाम किया और कहा कि आप धन्य हैं, आपके कारण ही आज हम अपनी पशु योनि से मुक्त होकर दिव्य देह प्राप्त कर सके हैं। राजा ने पूंछा यह चमत्कार कैसे हुआ? इस पर उन दोनों ने उत्तर दिया कि इसका रहस्य केवल यह संत जानते हैं। हम तो इतना ही जानते हैं कि इस सरोवर का जल छूते ही हमारा शरीर पवित्र हो गया और हमें दिव्य देह प्राप्त हो गई। राजा ने इसे अपना अहोभाग्य माना और संत जी से इसका रहस्य बताने की प्रार्थना की। संत जी ने बताया कि मेरे पूज्य गुरुदेव यहां नित्य विधिवत भगवद् गीता के चौदहवें अध्याय का पाठ किया करते थे। जिनका अनुसरण कर मैं भी यहां नित्य गीता के चौदहवें अध्याय का ही पाठ किया करता हूँ। यह गीता जी के चौदहवें अध्याय का ही प्रभाव है, जिसके कारण इस सरोवर का जल इतना पवित्र हो गया है कि इसके छूने मात्र से पापियों का उद्धार हो जाता है। इस पर संकलद्वीप के राजा ने आगे प्रश्न किया - "कृपया इन दोनों के पिछले

जन्म का हाल भी बताइये।" संत जी ने बताया - "यह शूकर पिछले विगत जन्म में एक धर्म-भ्रष्ट ब्राह्मण था। यह श्वसा (कुतिया) इसकी पतिव्रता पत्नी थी। जब यह ब्राह्मण हरजाई हो गया तो पत्नी को सताने लगा। उसे इतना मारता-पीटता और सताता था कि एक दिन इसकी पत्नी ने इसे विष देकर मार डाला। जब ये दोनों मरकर यमलोक गये तो धर्मराज ने दोनों को शूकर और श्वसा योनि में जन्म लेने का दण्ड दिया। तब इन दोनों ने गिड़गिड़ाकर इससे उद्धार का उपाय पूंछा। धर्मराज ने बताया कि गीता के चौदहवें अध्याय के पाठ करनेवाले द्वारा छुए गये जल के स्पर्श मात्र से तुम दोनों हरि नाम का जप करते हुए अंत में बैकण्ठ धाम में प्रवेश पा जाओगे। यह कथा सुनकर संकलद्वीप के राजा के अन्तर्चक्षु खुल गये और वह संत को प्रणाम करके हरि नाम का जाप करता हुआ अपने महल को लौट आया। उसने एक गीता के विद्वान पंडित को बुलवाकर गीता जी के चौदहवें अध्याय का पाठ सुना और स्वयं भी नियमित रूप से करता रहा। इस प्रकार वह अंत में बैकुण्ठ धाम का अधिकारी बना।

रचना काल : २६ दिसम्बर, १९६७ ई०; संयुक्त राज्य अमेरिका फ्लोरिडा, ओकोई नगर।

महत्त्व

१
हरि बोले - हे सागर - जाता ! मैं एक तथ्य हूँ बतलाता।
अध्याय चतुर्दश का महत्त्व, हूँ सहज रूप में समझाता।।

२
कश्मीर क्षेत्र एक मनभाता, था जो सरस्वती कहलाता।
दुःख क्लेशों का था वास नहीं, धरती का स्वर्ग कहा जाता।।

३
भूपेश सूर्यवर्मा लायक, कश्मीर राज्य का था शासक।
जनता जनार्दन का प्रिय था, विप्रों का भी था आराधक।।

४
संकल द्वीपेश मित्र था प्रिय, गाढ़ी थी प्रीति, उदार हृदय।
दोनों ही नृप थे बलशाली, दोनों के उर में भरी विनय।।

५
उस संकलद्वीप - नृपति ने रे ! भेजे एक दिन उपहार बड़े।
हीरे - मोती, मूंगा - पन्ना, हाथी - घोड़े, गउयें - बछंड़े।।

६
राजा ने बहुत किया विचार, अभिव्यक्त किस तरह करूं प्यार?
पूंछा विद्वान मंत्रियों से, मैं भेजूं क्या प्रेमोपहार?

७
मंत्री बोले - रुक जायें हम, प्रभु ! पहले पता चलायें हम।
जो वस्तु न मिलती वहां कहीं, बस वही वस्तु भिजवायें हम।।

८
बोला विचार कर नृपति यही, धन-धान्य पूर्ण है मित्र-मही।
है सब कुछ प्राप्य वहां केवल, है प्राप्त शिकारी श्वान नहीं।।

६
मंत्री बोला - "क्रय करवायें, पहनाकर स्वर्ण शृंखलायें।
मखमल के गद्दों से सज्जित, डोली में कुत्ते भिजवायें।।"

१०
नृप को ये वाक्य बहुत भाये, उसने सेवक-गण बुलवाये।
निज मित्र हेतु तत्काल शिकारी श्वान शान से भिजवाये।।

११
श्वानों को पाया मुदित हुआ, अति प्रगाढ़ प्रभाव उदित हुआ।
दे शत-शत धन्यवाद प्रमुदित, सचमुच संकल का नृपति हुआ।।

१२
अब हम भी खेलेंगे शिकार, मृगया को जायें बार-बार।
आखेट करें वन पशुओं का, कर-कर मनचाहा वन-विहार।।

१३
करके सब मित्रों सँग विचार, करता था एक दिन वन-विहार।
थी शर्त वही पायेगा पशु, जिसका कुत्ता मारे शिकार।।

१४
राजाओं ने रोके घोड़े, अपने - अपने कुत्ते छोड़े।
इतने में निकला एक सुअर, कुत्ते उसके पीछे दौड़े।।

१५
संकल-पति श्वान नहीं पिछड़ा, शूकर को जा पहले पकड़ा।
लोगों ने शोर मचाया तो, वह कुत्ता गया ज़रा घबड़ा।।

१६
ज्यूं - ज्यूं शूकर छुट कर भागा। कुत्ते का अधिक रोष जागा,
था रक्त टपकता घावों से, पर फिरता था भागा-भागा।।

१७
था भाग रहा आंखें मींचे, आगे - पीछे, ऊपर - नीचे।
वह भागा इतना तेज़ कि कुत्ता, छूट गया काफी पीछे।।

१८
था एक सरोवर सुमनोहर, जल से परिपूरित अति सुन्दर।
थी एक संत की कुटी वहां, जल में जा गिरा जहां शूकर।।

१९
आया कुत्ता भी क्षण भर में, वह भी गिर पड़ा सरोवर में।
इतने में आ पहुंचा नृप भी, घोड़े पर, आश्रम-परिसर में।।

२०
विस्मय से देखा यहां-वहां, मृत पड़े थे शूकर-श्वान जहां।?
दोनों ने देव-देह पाई, थे दिव्य रूप में खड़े वहां।।

२१
दोनों के नयन हो गये नम, बोले - हे भूपति ! धन्य हो तुम।
पावन प्रताप से आज तुम्हारे, देह पा गये हैं ये हम।।

२२
नृप ने पूंछा कर नमस्कार, बोलो, यह कैसा चमत्कार?
है कैसे दिव्य देह पाई, बैकुण्ठ-गमन को हो तैयार।।

२३
दोनों बोले - इस होनी का, अथवा रहस्य अनहोनी का।
है नहीं विदित; पर ज्ञात संत को, मर्म देह, पशु - योनी का।।

२४
छूते ही सर का जल पावन, हो गया पुनीत हमारा तन।
निर्मल हो गया तुरन्त हृदय, हो गया दिव्य सारा जीवन।।

२५
नृप बोला-दैव उदार हुआ, है धन्य भाग उपकार हुआ।
मेरे कारण तुम दोनों का, पशु - जीवन से उद्धार हुआ।।

२६
फिर कहा संत जी से, आओ, हमको यह रहस्य समझाओ।
आश्चर्य पूर्ण इस कौतुक की, हे ब्राह्मण ! गाथा बतलाओ।।

२७
दो पशुओं का उपकार हुआ, जल छूते ही उद्धार हुआ।
पशु योनि छुटी, दिव्य देह मिली, पल भर में बेड़ा पार हुआ।।

२८
"गुरुदेव यहां पर रहते थे, हरि - भक्ति - गंग में बहते थे।"
ब्राह्मण बोले - वह संत सदा, श्री हरि की गाथा कहते थे।।

२९
गीता - वाचन था उनको प्रिय, पी चौदहवां-अध्याय-अमिय।
करते थे विधिवत् पाठ नित्य, एकाग्र चित्त, हो गत - संशय।।

३०
जल-राशि झील की प्राण-प्रदा, करता हूँ इसमें स्नान सदा।
श्री जगन्नियन्ता हृषीकेश की पीता मन से भक्ति-सुधा।।

३१

नित प्रगति - नसैनी चढ़ता हूँ, अध्याय चतुर्दश पढ़ता हूँ,
हो सकल विकार-मुक्त अविकल, निज जीवन-पथ में बढ़ता हूँ।।"

३२

नृप ने लक्षित परिणाम किया, द्विज को दण्डवत् प्रणाम किया।
हैं धन्य आप जिनके प्रताप ने, है यह अदभुत काम किया।।

३३

संतों का स्पर्श पुनीत हुआ, सर का जल शुद्ध प्रतीत हुआ।?
हैं धन्य भाग, दर्शन पाये, नृप स्वर अति मृदुल विनीत हुआ।।

३४

तब कहा संत ने - "परिचय दो, कर दूर समस्त अपरिचय दो।
पूंछो पुनि प्रश्न, मिले उत्तर, यूं दूर आपका संशय हो।।"

३५

"द्विज ! संकल द्वीप नरेश हूँ मैं, सब कहते हैं, ज्ञानेश हूँ मैं।
पर, समझ नहीं पाता बिलकुल, हे द्विजवर ! विधि-संदेश हूँ मैं।।

३६

यह रहस्य समझ नहीं आये, हे विप्र कृपा कर समझायें।
इन दोनों पशुओं के गत जीवन की कुछ गाथा बतलायें।।"

३७

तब कहा संत ने, राजन ! शूकर पहले था एक ब्राह्मण।
था धर्म-भ्रष्ट करता न कभी, विधिवत् जप-तप-व्रत-आराधन।।

३८

यह श्वसा विप्र की पत्नी थी, पति की नित सेवा करती थी।
रखती थी ध्यान सदा मन से भी, प्यार उसी को करती थी।।

३९
ब्राह्मण का हुआ चरित-निपात, पत्नी से करने लगा घात।
मारता - पीटता - गाली दे, जड़ता था घूंसे और लात।।

४०
हो गई खिन्न जब जली त्वचा, एक दिन इसने षडयंत्र रचा।
माहुर दे मार दिया पति को, फिर स्वांग रचा, पर पति न बचा।।

४१
दोनों मर जब यम-लोक चले, तब धर्मराज के स्वर बदले।
"इसको शूकर का और इसे भी एक श्वान का जन्म मिले।।"

४२
दोनों ने की यम से गुहार, पूंछा विनती कर बार - बार।
"बतला दीजे हमको उपाय, हो सके शीघ्र जिससे उद्धार।।"

४३
दोनों जब चीखे - चिल्लाये, रो रोकर आंसू बरसाये।
प्रायश्चित - पश्चाताप हेतु, दोनों के भाव उमड़ आये।।

४४
सुनकर उनकी आरत पुकार, यम का भी हृदय हुआ उदार।
हो द्रवित बता दी युक्ति उन्हें, जिससे हो सके तुरत उद्धार।।

४५
"अध्याय चतुर्दश का प्रति फल, गीता - पाठी संस्पर्शित जल।
धो देगा धर्मराज बोले, तुम दोनों के सारे कल्मल।।

४६
उस जल में अमृत - सार होगा, छूने से ही उद्धार होगा।
मिट जायेंगे कल्मष सारे, जीवन का नव सिंगार होगा।।

४७

जप जपकर हरि का पुण्य नाम, करके निस्वार्थ पुनीत काम।
तुम अंत समय में पाओगे, श्री हरि का शुचि बैकुण्ठ धाम।।

४८

है अति महत्त्वशाली गीता, है अति गौरवशाली गीता।
अध्याय चतुर्दश है अमूल्य, है अति गरिमाशाली गीता।।

४६

नृप - चक्षु खुले सुनकर ललाम, दे धन्यवाद, करके प्रणाम।
लौटा तुरन्त निज महलों में, जपता मन में श्री कृष्ण नाम।।

५०

संयत कर सारा राज-पाट, गीताविद् बुला, विनत ललाट।
सुन चौदहवां अध्याय नित्य, गीता का करता रहा पाठ।।

५१

हो गया हृदय निःस्पृह निष्काम, करके परहित नि-स्वार्थ काम।
पढ़ चौदहवां अध्याय नित्य, पाया उसने बैकुण्ठ धाम।।

५२

अध्याय चतुर्दश बतलाता, क्या त्रिगुण - कर्म का है नाता।
क्या है स्वभाव तीनों गुण का, किस भांति जीव है बंध जाता।।

५३

कैसा त्रिगुणों का आकर्षण ? क्या त्रिगुण-बद्ध के हैं लक्षण?
कैसे इनसे हो मुक्त जीव? कैसे हो पाये अघमर्षण?

५४

कर पुरुष-प्रकृति का पुनि विचार, कैसे हो दूर त्रिगुण-विकार?
जीवात्मा समझे निज स्वरूप, कैसे हो प्रभु - साक्षात्कार?

५५

त्रिगुणों का पृथक-पृथक अस्तित्त्व। क्रमशः तीनों से मुक्ति-तत्त्व।
करने में आत्म-साक्षात्कार, गुण -साधन का है क्या महत्त्व?

५६

मिट जाये हर कामना अपल। मिट जाए वासना का कल्मल।
अध्याय चतुर्दश में वर्णित, हो किस प्रकार साधना सफल।।

समाप्त

ओकोड़े, फ्लोरिडा , अमेरिका २६.१२.१९६७.

पन्द्रह

रह गई याद

(भगवद् गीता माहात्म्य पंचदश अध्याय से सम्बन्धित महाकवि आदेश का खण्ड-काव्य)

"रह गई याद" नामक इस लघु खण्ड काव्य का कथानक श्रीमद् भगवद् गीता के पंन्द्रहवें अध्याय से सम्बन्धित है। इस काव्य में श्री नारायण द्वारा लक्ष्मी जी को सुनाई गई नृसिंह नामक श्रेष्ठ राजा तथा सुभाग सिंह नामक दुष्ट मंत्री की कथा का वर्णन किया गया है। कथा इस प्रकार है: एक राजा था जिसका नाम नृसिंह था। उसके मंत्री का नाम सुभाग सिंह था, जो राजा का अत्यन्त विश्वासपात्र था। किन्तु, वास्तव में बहुत धूर्त्त और स्वार्थी था। वह नृसिंह को मारकर स्वयं राजा बन जाना चाहता था। एक दिन उसने राजा नृसिंह और उसके सभी विश्वसनीय सेवकों को सोते समय मार डाला और स्वयं राजा बन गया। उसके राज्य में अत्याचार तथा अनाचार का बोलबाला था। मां-बहिन-बेटियों की लज्जा तथा विद्वानों की प्रतिष्ठा असुरक्षित थी। अंत में एक दिन उसे भी राज-पाट धन-धाम छोड़कर रीते कर ही संसार से जाना पड़ा। यमराज ने उसे लम्बी अवधि तक घोर नर्क भोगने की सज़ा दी। इस प्रकार वह महापापी कई जन्मों तक नर्क की यातना भोगता रहा। अंत में उसे घोड़े का जन्म

मिला। उस घोड़े को संकलद्वीप के एक सौदागर ने खरीद लिया और अपने अन्य घोड़ों के साथ इस घोड़े को भी उस देश के राजा के पास बेंचने को ले गया। राजा को घोड़ा बहुत पसंद आया। राजा ने हर घोड़े को फिराया। किन्तु जब इस घोड़े की बारी आई तो इसने राजा को देखते ही अपना मुंह एक ओर फेर लिया। जिससे राजा के मन में संशय उत्पन्न हुआ। उसने तुरन्त एक विद्वान पंडित को बुलवाकर इसका कारण जानना चाहा। उसने उत्तर दिया कि घोड़े ने आपका अपमान नहीं किया है अपितु आपका अभिवादन किया है। यह उत्तर राजा को रंच नहीं भाया। उस दिन बात टल गई। किन्तु एक दिन वह उस घोड़े पर चढ़कर मृगया के लिए गया। उस दिन वह अपने हर आखेट में सफल रहा। दो पहर बीत जाने पर वह भूखा-प्यासा एक कुटिया के पास पहुंचा, जहां एक सुन्दर सरोवर लहरा रहा था। उसने घोड़े को कुटिया के बाहर एक पेड़ से बांध दिया और कुटिया के अन्दर चला गया। वहां उसने देखा एक मुनि अपने पुत्र को गीता का पन्द्रहवां अध्याय पढ़ा रहे थे। उन्होंने एक पत्ते पर गीता का पन्द्रहवां अध्याय पूर्ण रूप से लिख दिया और अपने पुत्र से कहा- "बाहर जाकर इसे कंठस्थ करो।" मुनिवर ने जिस पत्ते पर वह गीताध्याय लिखा था, वह पत्ता उसी पेड़ का था जिससे उसका घोड़ा बंध हुआ था। मुनि-पुत्र बाहर आया और खेल - खेल कर अपना पाठ याद करने लगा। उस पत्ते के दर्शन कर तथा उस बच्चे के मुंह से गीता का पन्द्रहवां अध्याय सुनकर घोड़े का देहान्त हो गया और उसे दिव्य देह मिल गई। जब राजा पानी पीकर बाहर आया तो उसने देखा उसका घोड़ा मरा पड़ा था और एक देव-देही पुरुष उसके

स्थान पर खड़ा हुआ था, जिसे लेने के लिए स्वर्ग से विमान आये थे। राजा ने पूंछा कि इस घोड़े को किसने मारा? तब उस दिव्य देही ने कहा कि हे राजन ! में ही इस घोड़े का चैतन्य जीव हूँ। अब बैकुण्ठ जा रहा हूँ। राजा ने पूंछा - "तुमने ऐसा क्या पुण्य किया जिसका फल तुम्हें मिला है?" दिव्यदेही ने कहा- "इसका उत्तर यह मुनिवर देंगे।" मुनिवर ने कहा कि राजन ! इस घोड़े के आगे पड़ा हुआ यह अक्षरमय कृष्ण–चित्र देखो। इसके दर्शन तथा गीता के पन्द्रहवें अध्याय के श्रवण से इस घोड़े का उद्धार हुआ है। राजा के पूंछने पर मुनि ने बतलाया कि एक जन्म में तू अत्यन्त जन–प्रिय राजा था और यह तेरा मंत्री था। यह तुझे धोखे से मारकर स्वयं राजा बन गया। तू हर जन्म में राजा ही बना और यह नर्क की लम्बी यातना भोगकर अब घोड़ा बना। इसने तुझे देखते ही पहचान लिया था। इसे अपनी करनी पर बहुत पछतावा था इसीलिए इसने लज्जा से अपना मुंह फेर लिया था। यह अपनी मौन वाणी में आपसे क्षमा मांग रहा था। राजा की समझ में बात आ गई। उसे भी ज्ञान हो गया। वह दिव्य देही राजा को प्रणाम करके बैकुण्ठ चला गया। उधर राजा के बिछड़े सैनिक भी आ पहुंचे। राजा ने अपने प्रासाद में आकर अपना राज–पाट अपने पुत्र को सौंप कर हरि–भक्ति में अपना जीवन बिताया। उसने वन में जाकर गीता के पन्द्रहवें अध्याय का पाठ नियमित रूप से किया और अंत में मोक्ष प्राप्त कर बैकुण्ठ धाम चला गया।

रचना काल : २७ दिसम्बर, १९६७ ई० ;संयुक्त राज्य अमेरिका, फ्लोरिडा, ओकोई नगर ।

रह गई याद

१

हरि बोले - रमा ! बताता हूँ, उलझी गुत्थी सुलझाता हूँ।
गीता का पन्द्रहवां अध्याय-रहस्य आज समझाता हूँ।।

२

था एक नृपति, संज्ञा नृसिंह, मंत्री का नाम सुभाग सिंह।
यद्यपि था बहुत धूर्त्त, कपटी, करता विश्वास पर नृप नृसिंह।।

३

एक दिन नृसिंह, सब भृत्य मग्न, गहरी निद्रा में थे निमग्न।
कर सबका वध बन गया भूप, पापी सुभाग सिंह हो कृतघ्न।।

४

क्षत्रियपन का न विचार किया, हो धर्म-पतित व्यवहार किया।
विश्वासघात कर राजा से, उसने अपना अपकार किया।।

५

क्षत्रिय होते सद् - कामी है, वेदादि धर्म - अनुगामी हैं।
रखते हैं आन वचन की निज, वे करें न नमकहरामी हैं।।

६

क्षत्रिय में होए न कायरता, रहती है दूर कापुरुषता।
होते हैं धोखेबाज नहीं, उन पर विश्वास विश्व करता।।

७
उर में होती है उदारता, करते दीनों की सहायता।
होते हैं भक्त सदाशिव के, उनकी विख्यात सदाशयता।।

८
हैं समाज की रक्षा करते, हैं नहीं मौत से भी डरते।
करते हैं धर्म-कर्म निश्छल, उनका सम्मान सभी करते।।

९
करता सुभाग सिंह प्रजा-दमन, था बड़ा क्रूर उसका शासन।
वह सता प्रजा-जन को सदैव, संचित करता था अतुलित धन।।

१०
मां-बहिन- बेटियां थीं अशरण, करता रक्षा न कभी शासन।
नैतिकता का था मूल्य न कुछ, भ्रष्टाचारी था उसका मन।।

११
मंदिर न कभी जाता था वह, सच को पहचान न पाता वह।
बस भोगों और विलासों में, सब समय बिताता था नित वह।।

१२
वेदों को नहीं मानता था, गुरुजन से रार ठानता था।
पंडितों-शास्त्रियों को सदैव, वह शत्रु - सदृश्य जानता था।।

१३
था बहुत हठी उसका स्वभाव, था महास्वार्थी कुटिल भाव।
पत्नी, संतति, वय-वृद्धों का पड़ता उस पर न ज़रा प्रभाव।।

१४
पापों में करे न कोताही, जन - सेवा में लापरवाही।
शुभ कर्म न उसे सुहाते थे, करता था बस तानाशाही।।

१५
नास्तिक हो, पतित, संत, साधक, राजा हो, चाहे हो याचक।
है काल किसी का नहीं मित्र, है नहीं किसी का आराधक।।

१६
जब आती मृत्यु, न वश चलता, तृण सम है हाड़-मांस जलता।
धन-धान्य-वाम-सुत-राजपाट तज रिक्त-पाणि जाना पड़ता।।

१७
जब यम का परवाना आया, तब सुभागसिंह था घबराया।
तज राज-पाट, धन-धान्य, वंश, कुछ भी न कदापि काम आया।।

१८
रीते कर जाना पड़ा उसे, रज में मिल जाना पड़ा उसे।
है सत्य नाम हरि का केवल, सच में ही गाना पड़ा उसे।।

१६
ले गये बांध यमदूत उसे, बोले रवि - सपूत देख उसे।
है महापतित पापी जघन्य, दो लम्बा रौरव नर्क इसे।।

२०
यूं कई जन्म तक वह पापी, भोगता रहा दुःख अभिशापी।
अंततः अश्व की योनि मिली, बन गया अमल औ निष्पापी।।

२१
निज आवागमन पूर्ण करने, प्रारब्ध कर्म का फल चखने।
वह जन्मा संकलद्वीप मध्य, क्रय किया एक सौदागर ने।।

२२
अपना वाणिज्य कर्म करने, समुचित धन का अर्जन करने।
ले अन्य अनेक अश्व आया, नृप - नगरी में विक्रय करने।।

२३

राजा के मन भाया तुरंग, क्रय किया अन्य अश्वों के सँग।
हर घोड़े को नृप ने फेरा, भर कर मन में अतिशय उमंग।।

२४

ले नाम अश्व को टेर लिया, तो, इसने मुँह को फेर लिया।
यह हरकत देख अश्व की, नृप का मन संशय ने घेर लिया।।

२५

नृप ने पण्डित को बुलवाकर, यह प्रश्न किया उससे सादर।
"क्यों देख मुझे इस तुरंग ने, मुँह फेर लिया, बोलो द्विजवर ?"

२६

पंडित बोले – "सुन लो सच को, मोड़ा है मुँह न देख तुमको।
श्रद्धा से करके अभिवादन, सम्मान दिया है भूपति को।।"

२७

उत्तर न सुहाया भूपति को, उस हय के सच्चे अधिपति को।
यह बात न लगी तर्क–संगत, उस धर्म–धुरन्धर नरपति को ।।

२८

बोले–"यह बात नहीं लगती। जिज्ञासा विप्र ! अधिक जगती।
है कुछ गहरा रहस्य इसमें, समझेंगे केवल महायती।।"

२९

टल गई बात सहसा संप्रति, भायी न उसे कोई सम्मति।
उस घोड़े पर चढ़ उमंग में, एक दिन मृगया को गया नृपति।।

३०

आखेट हेतु था मचल गया, नृप दूर वनों में निकल गया।
जितने आखेट किये, सबमें ही सहज भाव से सफल हुआ।।

३१
यूं बीत गये दो प्रहर तप्त, रवि हुए प्रचण्ड अधिक प्रतप्त।
अति क्षुधित-तृषित पहुंचा वन में, खोजता नीर को नृप अतृप्त।।

३२
सहसा देखा कुटिया समीप, बैठा एक यति मानो प्रदीप।
निर्मल जल-पूरित झील देख, रुक गया अचानक वह महीप।।

३३
बांधा हय को तरु से सत्वर, वह, पहुंचा कुटिया के अन्दर।
देखा, निज सुत को पढ़ा रहे थे भगवद् गीता वह मुनिवर।।

३४
लिख तरु-पत्ते पर अर्थ-पूर्ण, पंचादशवां अध्याय पूर्ण।
देते थे आज्ञा आत्मज को, कण्ठस्थ करो इसको संपूर्ण।।

३५
नृप ने जिस हय को साधा था, जिस विटप-मूल से बांधा था।
वह पर्ण उसी तरु का था, जिस पर, अंकित ज्ञान अगाधा था।।

३६
बालक उस पत्ते को लाकर, क्रीड़ा कर पढ़ता था बाहर।
पंचादशवां अध्याय पूर्ण, रटता था पुनि-पुनि पढ़-पढ़ कर।।

३७
उस पत्ते को देखा ज्यूंही, पन्द्रहवां सर्ग सुना ज्यूं ही।
घोड़ा गिर पड़ा, प्राण निकले, मिल गई तुरन्त देव-देही।।

३८
कर्मों का पाश मिटाने को, सुख स्वर्ग लोक का पाने को।
आया सुर-पुर से देव - यान, बैकुण्ठ धाम ले जाने को।।

३६

पानी पी नृप बाहर आया, देखा तो अश्व मरा पाया।
पूंछा - किसने मारा इसको, पर कोई नहीं बता पाया।।

४०

तब बोला देव - गात उस का, मैं हूँ चैतन्य जीव हय का।
पा देव-देह बैकुण्ठ चला, यह ही तो है विधान विधि का।।

४१

राजा ने पूंछा संशय से, हो आविर्भूत सदाशय से।
लगता है विश्वसनीय न कुछ, राजा ने पूंछा विस्मय से।।

४२

"तुमने ऐसा क्या कार्य किया ? क्या पुण्य और औदार्य किया?
जो देव-देह पाई तुमने, बोलो - क्या तप हे आर्य ! किया?"

४३

उत्तर हित सोचा, मुख खोला, रह - रह कर शब्दों को तोला।
पर सोच नहीं पाया उत्तर, अंततः देव- देही बोला।।

४४

"राजन ! हम रंच न बोलेंगे, इसका उत्तर ऋषिवर देंगे।
विधि की होनी - अनहोनी का, सारा रहस्य स्पष्ट कर देंगे।।"

४५

मुनिवर ने बतलाया - " विचित्र गीता - अंकित पत्ता पवित्र।
घोड़े के आगे पड़ा हुआ देखा, अक्षरमय कृष्ण-चित्र।।

४६

मेरे सुपुत्र से नृप ! सस्वर, गीता का मधुर पाठ सुनकर।
इस घोड़े का कल्याण हुआ, यह आज तर गया भव-सागर।।"

४७

“यह अश्व कौन था बतलाओ, क्यों मुँह फेरा था समझाओ।
सारे रहस्य की गुत्थी को, हे ऋषिवर ! जल्दी सुलझाओ।।”

४८

बोले चिन्तन कर महात्मन, “तुम सुनो दत्त चित हो राजन !
कर्मों का ही है खेल सकल, हर जीव भोगता है उन्मन।।

४६

जन–प्रिय था, तू जन–सेवक था, तू विगत जन्म में भी नृप था।
यह महाकृतघ्न कुकर्मी पापी हय तेरा मंत्री भृत था।।

५०

धोखे से प्राण लिये, निकृष्ट, बन गया स्वयं भूपाल दुष्ट।
हर जन्म मध्य तू हुआ नृपति, यह सहता रहा महान कष्ट।।

५१

मिल गई योनि हय की इसको, आ संकल द्वीप मिला तुझको।
देखते तुझे पहचान गया, लज्जा से फेर लिया मुख को।।

५२

नीरव स्वर में कहता दुःख को, मैंने पहचान लिया तुमको।
हे नृपति ! किन्तु पहचान नहीं पाये हो तुम अब तक मुझको।।

५३

तुम भूल गये अपना विषाद, पर मुझको है हर बात याद।
अपनी करनी पर पछताता, है भरी पीर उर में अगाध।।

५४

कहती रह – रह कर उर – तंत्री, हूँ सुभाग सिंह पापी, मंत्री।
हे राजन क्षमा करो मुझको, हूँ महा कुचक्री, षडयंत्री।।

५५
लज्जा का बोझ न सह सकता, मैं सम्मुख खड़ा न हो सकता।
है ग्लानि भरी इतनी मन में, मैं आँखें नहीं मिला सकता।।"

५६
यह कह, ऋषि-वाणी हुई शान्त, राजा की भी मिट गई भ्रान्ति।
वह देव पुरुष बैकुण्ठ गया, मिल गई जिसे थी विमल कान्ति।।

५७
मुनि को दण्डवत् प्रणाम किया, पावन अन्तर का धाम किया।
सहसा खुल गये आत्म-लोचन, प्राणों का लोक ललाम किया।।

५८
पाकर मुनिवर से गूढ़ ज्ञान, राजा ने पाया आत्म-ज्ञान।
जो पिछड़ गये थे मृगया में, आ गये सभी सैनिक सुजान।।

५९
राजा ने तज कर ठाठ-बाट, दे दिया पुत्र को राज-पाट।
तज कर धन-धान्य-पुत्र-दारा, टेका हरि-चरणों में ललाट।।

६०
ले वानप्रस्थ, तज सकल ठाठ, गीताजी का नित किया पाठ।
पंचादशवां अध्याय पढ़ा, मिल गई परम गति भी विराट।।

६१
अध्याय पंचदश बतलाता, प्रभु परम पुरुष है कहलाता।
क्या हैं उसके गुण, यश, लक्षण, क्यों परमात्मा माना जाता?

६२
है सृष्टिकार, संहारकार, है सर्वव्याप्त, है निर्विकार।
निःस्वार्थ मित्र है जीवों का, साकार वही है निराकार।।

६३

है दयालु, करुणाकर अपार। जिसकी महिमा का नहीं पार।
सबका पालन–पोषण करता, लो शरण तभी होवे उद्धार।।

६४

क्षर पुरुष कौन कहलाता है? क्या अक्षर पुरुष कहाता है?
दोनों से बढ़कर परम पुरुष, किस प्रकार माना जाता है ।।

६५

है परम पुरुष का क्या महत्त्व? क्या लाभ जानने का अस्तित्त्व?
संभाव्य साधना किस प्रकार? कैसे जानें परमात्त्व तत्त्व?

समाप्त

सोलह

पिछली-सुधियां

(भगवद् गीता माहात्म्य षोडश अध्याय से सम्बन्धित महाकवि आदेश का खण्ड-काव्य)

"पिछली सुधियां" नामक इस लघु खण्ड काव्य का कथानक श्रीमद् भगवद् गीता के सोलहवें अध्याय से सम्बन्धित है। इस काव्य में श्री नारायण द्वारा लक्ष्मी जी को सुनाई गई सोरठ के राजा खडगसिंह तथा एक हाथी की कथा का वर्णन किया गया है। कथा इस प्रकार हैः एक राज्य था, जिसका नाम सोरठ था। वहां राजा खडगसिंह का शासन था। राजा खडगसिंह बड़ा धर्मात्मा और जन-प्रिय राजा था। उसकी गजशाला में बहुत से हाथी थे, परन्तु एक ऐसा भी हाथी था, जो बड़ा ही मस्त और मतवाला था। वह किसी को अपने पास नहीं आने देता था। यहां तक कि बड़ी-बड़ी लोहे की जंजीरें भी उसे नहीं रोक पाती थीं। राजा ने दूर-दूर देशों में घोषणा करवाई कि जो भी इस हाथी को साधेगा उसे मनचाहा ईनाम दिया जायेगा। इस प्रकार कितने ही गज-विशेषज्ञ आये और अपना सा मुँह लटकाकर वापस चले गये। एक दिन एक बहुत धर्मात्मा तत्त्वज्ञ साधु उस नगर में आया। वह हाथी को देखते ही सारा रहस्य समझ गया। जब वह हाथी के पास जाने लगा तो सबने समझाया कि इसके पास मत जाओ, नही तो हाथी

तुम्हें मार डालेगा। परन्तु संत नहीं माना उसने कहा हाथी में बिलकुल शक्ति नहीं है कि मुझे मार सके। इतना कहकर वह संत उस हाथी के पास गया और उस पर अत्यन्त प्रेम और करुणा भरी दृष्टि डाली। सब लोगों को देखकर आश्चर्य हुआ कि जैसे ही उस संत से हाथी की आंखें चार हुईं, हाथी ने बढ़कर अपनी सूंड से संत के चरण छुए और मन ही मन प्रार्थना की। उस संत ने आशीर्वाद देने के लिए हाथ उठाया "और कहा- हे गजेन्द्र ! मैं जानता हूँ कि तुम कौन हो? भगवान ने मुझे तुम्हारे उद्धार के लिए ही भेजा है। तुमने विगत जन्मों में जो पाप किये हैं, मैं उनसे तुम्हें छुड़वाऊंगा। "यह सुनकर हाथी बारंबार संत के चरण छूने लगा। यह चमत्कार सुनकर राज भी वहां आया। संत के कहने पर हाथी ने राजा को भी प्रणाम किया। तब उस संत ने अपने कमंडल में से जल निकाल कर उस हाथी पर कुछ जल के छींटे छिड़के और भगवद् गीता का सोलहवां अध्याय सुनाकर उसके पाठ का फल हाथी को प्रदान किया। इस प्रकार संत के वचन सुनकर तथा जल के छींटे पड़ते ही वह हाथी की योनि से छूट गया और उसे देव - देह मिल गई। तभी स्वर्ग से एक विमान आया और वह देव-देही सबको प्रणाम करके उस यान में चढ़कर बैकुण्ठ चला गया। राजा ने जब यह चमत्कार देखा तो संत से पूछा कि आपने इसे कौन सा मंत्र दिया जिससे इसकी गज योनि छूट गई और स्वर्ग चला गया? संत ने उत्तर दिया - मैं दीर्घ काल से भगवद् गीता के सोलहवें अध्याय का पाठ करता हूँ। मैंने इसे अपने गीता के सोलहवें अध्याय का फल प्रदान कर दिया, जिससे वह गज योनि से छुट गया।

राजा ने फिर पूंछा – "संत जी ! बताइये, यह पिछले जन्म में कौन था?" संत ने कहा – "यह एक जन्म में बड़ा कुशाग्र बुद्धि बालक था। गुरु से विद्या प्राप्त करके यह अत्यन्त अल्प काल में ही बड़ा पंडित बन गया और इसे अपनी विद्या पर बहुत अभिमान हो गया। इसके गुरु तीर्थ यात्रा को गये और बारह वर्ष बाद लौटे। उस समय यह विद्वद् समाज में सम्मानपूर्वक बैठा था। इसने सोचा कि यदि वह गुरु के स्वागत में उठेगा तो सब इसके गुरु का सम्मान करने लगेंगे और इसका सम्मान कम हो जायेगा। यह सोच कर यह आंखें बंद करके मौन बैठा रहा। उठकर न तो गुरु का स्वागत किया और न उनके चरण ही छुए। गुरु ने जब यह अनुभव किया कि मुझे देखकर नयन बंद कर लिये हैं तो रुष्ट होकर शाप दे दिया कि तुझे अपनी बुद्धि और विद्या पर बड़ा अभिमान हो गया है। जा तू हाथी का जन्म पायेगा और संसार का सबसे बड़ा प्राणी माना जायेगा। अभिशाप पाकर इसको चेत हुआ। इसने गुरु के चरणों में पड़कर क्षमा मांगी। अंत में गुरु ने करुणा विगलित होकर कहा कि यदि कोई गीतापाठी तुझे सोलहवें अध्याय का फल दे देगा तो तू गज योनि से मुक्त हो जायेगा। इस तथ्य को जानकर राजा खडगसिंह ने भी उस दिन से गीता के सोलहवें अध्याय का पाठ करना आरंभ कर दिया। और अंत में अपना राज-पाट अपने पुत्र को सौंपकर वन में जाकर तप करते हुए गीता के सोलहवें अध्याय का पाठ करते रहे तथा अंत में मोक्ष के अधिकारी बनकर बैकुण्ठ धाम चले गये।

रचना काल : २७ दिसम्बर, १९६७ ई० ;संयुक्त राज्य अमेरिका, फ्लोरिडा, ओकोई नगर ।

पिछली-सुधियां

१
हरि बोले - गीता गाता हूँ, मैं एक वृतान्त सुनाता हूँ।
इस विधि षोडश अध्याय-पाठ का प्रिय! माहात्म्य बताता हूँ।।

२
था एक राज्य सोरठ नामी, राजा था खडगबाहु, नामी।
धर्मात्मा था, पुण्यात्मा था, था विपुल सम्पदा का स्वामी।।

३
उसकी विशाल थी गज-शाला, जिसमें एक गज था मतवाला।
आने देता न समीप किसी को, जो भी चढ़ा, मार डाला।।

४
जंजीरें बांधी जाती थीं, पांवों को बहुत दुखाती थीं।
फिर भी उस उजड़्ड कुंजर की, गति-मति को रोक न पाती थीं।।

५
राजा ने डोंडी पिटवाई, थी खुली घोषणा करवाई।
जो भी साधे इस हाथी को, पायेगा संपति मनभाई।।

६
सोरठ के गज - ज्ञाता आये, नित तंत्र - मंत्र - त्राता आये।
थक गये नित्य कर झाड़ -फूँक, ओझा उन्नत माथा आये।।

७
कितने ही वैद्यराज आये, पर समझ न रंच राज़ पाये।
कुछ सुदूर देशों से नृप ने, गज - विशेषज्ञ थे बुलवाये।।

८
कितने ही आये चले गये, किस्मत के हाथों छले गये।
कितने ही कुशल महावतादि उस गज - पद नीचे दले गये।।

६
मंगली बन गया था हाथी, जंगली बन गया था हाथी।
करता था अपनी मनमानी, दंगली बन गया था हाथी।।

१०
विचरण करता स्वच्छन्द सदा, खाता पंकज - मकरन्द सदा।
चलता था भेद भरी चालें, भंजन करता प्रतिबंध सदा।।

११
एक साधु उस नगर में आया, सबको ही दुखी त्रस्त पाया।
उस हाथी का यह हाल देख, वह समझ गया विधि की माया।।

१२
करने को गज का स्वयं भला, वह संत हस्ति की ओर चला।
सबने एक स्वर से सम्मति दी, यह हाथी लगता है पगला।।

१३
"हे संत ! हस्ति यह भड़केगा, संकटदायी है, दुःख देगा।
मत जाओ इसके निकट भूल, यह प्राण आपके हर लेगा।।"

१४
बोला वह संत, नहीं झिझको, नारायण की लीला देखो।
है शक्ति न हाथी में किंचित्, जो मार सके भक्तों ! मुझको।।

१५
वह संत हस्ति के पास गया, दिखलाई उसको सहज दया।
कुछ सहानुभूति प्रदर्शित की, गज-उर में उपजा भाव नया।।

१६
सहला दन्ती की पीन पृष्ठि, डाली उस पर शुचि प्रेम - दृष्टि।
निर्मल नयनों से उस पर की, उसने करुणा की विपुल वृष्टि।।

१७
हाथी की आँखें चार हुईं, भावना शुद्ध संचार हुईं
सहसा उसके नयनों से प्रिये ! प्रवाहित जल की धार हुईं।,

१८
अभिव्यक्त पुनीत भावना की, बढ़ तुरन्त चरण-वन्दना की।
छू पाँव संत के विनत सूँड से, मन में मौन प्रार्थना की।।

१६
जो लगता था खलनायक सा, जलता था भीषण पावक सा।
हो गया खड़ा हाथी अवाक्, निश्चल हो भोले शावक सा।।

२०
सब समझ भावना कल्याणी, बोला वह संत मधुर वाणी।
हे गजेन्द्र ! हूँ परिचित तुमसे, है ज्ञात, कौन हो तुम प्राणी।।

२१
करके करुणामय दृष्टिपात, आशीर्वाद हित उठा हाथ।
पुनि-पुनि दुलार कर वक्र तुण्ड, विश्वास-सहित कर उच्च माथ।।

२२
"हर कष्ट मिटाने आया हूँ, गज-योनि छुड़ाने आया हूँ।
प्रभु ने प्रेरित कर भेजा है, मैं अनायास ही आया हूँ।।

२३

तेरा उपचार करूंगा मैं, तेरा उपकार करूंगा मैं।
गत जन्मों में जो पाप किये, उनसे उद्धार करूंगा मैं।।

२४

विस्मृत कर जो भी पाप किया, नाहक जीवन में शाप लिया।
ले कई जन्म तूने गजेन्द्र ! प्रायश्चित पश्चाताप किया।।

२५

अब चिंता त्याग हरि-भजन कर, धो ग्लानि हृदय की वन्दन कर।
संपूर्ण समर्पण कर मन से, नव जीवन का अभिनन्दन कर।।

२६

हो गया शान्त सहसा वह गज, आई ब्राह्मण की बात समझ।
सुन संत-वचन स्वयमेव, गई हर गुत्थी मानो स्वयं सुलझ।।

२७

छू-छू पद शीश नवाता था, हाथी मानो सुख पाता था।
करने को नमस्कार पुनि-पुनि, वह अपनी सूँड उठाता था।।

२८

सुन नृपति हुआ हर्षित अपार, आ देखा उसने चमत्कार।
पाकर आदेश संत का गज ने, किया नृपति को नमस्कार।।

२९

उस गीता-पाठी ने तत्पल, ले लिया कमण्डल से कुछ जल।
छिड़का हाथी पर, कहा, दिया षोडश अध्याय पाठ का फल।।

३०

जल के छींटों से हो पावन, सुन पूज्य संत के पुण्य वचन।
हाथी की देह छुटी सहसा, हो गया व्यथा का पूर्ण शमन।।

३१
चैतन्य हो गया हस्ति-वदन, मिल गया दिव्य देवों सा तन।
हाथी को हर्ष हुआ अपार, हो गया प्रफुल्लित आत्म - मगन।।

३२
आया तब सुरपुर से विमान, लेने को तत्क्षण ससम्मान।
कर नमन संत के चरणों में, बैकुण्ठ गया, चढ़कर विमान।।

३३
नृप ने देखा विस्मित होकर, दण्डवत - प्रणाम संत को कर।
पूंछा - "हे संत ! बताओ, इसको मंत्र कौन सा दिया प्रवर।।

३४
आशीष दिया कैसा इसको? गज-तन से छुड़ा दिया इसको।
हो प्राप्त गई सद्गति सहसा, इस अधम क्लेशदायक पशु को।।"

३५
हो विनम्र उत्तर तुरत दिया, गत अघ ने इसको विकल किया।
गीता के सोलहवें अध्याय पाठ का इसको सुफल दिया।।

३६
षोडश अध्याय समझता हूँ, मैं नहीं काल से डरता हूँ।।
भगवद् गीता का पाठ नृपति ! मैं नित्य नियम से करता हूँ।"

३७
राजा ने प्रश्न किया दुर्वह, गत जीवन में प्रभु ! कौन था यह।
क्या पाप और अपराध किये, जिनका फल पाता था अहरह।।

३८
बोले वह संत - कि लायक था, यह एक जन्म में बालक था।
थी अतिशय प्रखर कुशाग्र बुद्धि, स्वाध्यायी गीता पाठक था।।

३९

गुरु से विद्या का मिला दान, पा अल्पकाल में गूढ़ ज्ञान।
बन गया बड़ा पण्डित, हो गया उसे विद्या पर महाभिमान।।

४०

गुरु गये घूमने तीर्थ-स्थान, अनुपस्थिति में अति मिला मान।
इसके दर्शन को आने लगे, नित्य अनगिन श्रोता सुजान।।

४१

रह गये न आश्रम - तरु छोटे, गुरु बारह वर्ष बाद लौटे।
आकर देखे निज आश्रम में, इसके सहसा लक्षण खोटे।।

४२

आये, न फँसे वह व्यतिक्रम में, अति नम्र भाव से आश्रम में।
यह बैठा विद्वद् समाज में, श्रेष्ठियों मध्य, भर कर भ्रम में।।

४३

इसके आड़े आ गया मान, सोचा यदि गुरु का करूं मान।
पूजेंगे सब मेरे गुरु को, मेरा घट जायेगा सम्मान।।

४४

इसने न किया गुरु-अभिवादन, कर लिये देख गुरु, बंद नयन।
गुरु के स्वागत-हित उठा न यह औ किया न चरण-स्पर्श-नमन।।

४५

गुरु जान गये सब कुछ तत्क्षण, हैं मुझे देख किए बंद नयन।
हो गया दम्भ इसको अतिशय, इसलिये न उठकर किया नमन।।

४६

हो रुष्ट श्राप दे दिया त्वरित गुरु ने, इससे हो अपमानित।
कह-अरे मन्दमति! अंध हुआ, तू क्षणिक मान पा कर खल चित।।

४७

मुझसे ही पा विद्या-सागर, मेरे भक्तों से पा आदर।
मुझको ही तुच्छ समझता है, ली ओढ़ अहम की विष-चादर।।

४८

तुझको अभिमान ज्ञान का है, तुझको अभिमान शान का है।
अभिमान तुझे धन का, जन का, तुझको अभिमान मान का है।।

४६

दुःखदायी होगा पाप तुझे, होगा अति पश्चाताप तुझे।
तू जन्म-जन्म दुःख पायेगा, जा देता हूँ अभिशाप तुझे।।

५०

तू विविध योनि में जायेगा, जब जन्म हस्ति का पायेगा।
हो सबसे बड़ा जीव जग में, मानव का दास कहायेगा।।"

५१

पा शाप डर गया दुर्विनीत, झुक गया गुरु-पगों में विनीत।
औ क्षमा माँग पुनि-पुनि गुरु से, गिर पड़ा गुरु-पगों में पुनीत।।

५२

बोला- "गुरु ! क्षमा, हरो विपदा, हो वचन आपका सत्य सदा।
होगा कैसे उद्धार मेरा, गुरु ! युक्ति बता दो मुक्ति-प्रदा।।"

५३

गुरु-उर होता नवनीत सदृश्य, अथवा होता नारियल सदृश्य।
जिसमें शिष्यों का हित ही हो, होता उर - भाव सदैव सरस।।

५४

आ गई दया गुरु को इस पर, बोले वह, इस पर करुणाकर।
"जो शाप दिया वह सच होगा, सह मौन उसे धीरज धर कर।।

५५
इस शरीर को तजना होगा, श्रीहरि को ही भजना होगा।
यह देह त्याग कर हाथी का ही जन्म पुनः लेना होगा।।

५६
यदि भगवद् गीता के निर्मल, षोडश अध्याय-पाठ का फल।
संकल्प आदि कोई दे दे, तेरा हो जाये जन्म सफल।।

५७
गज - योनि छुटे पल में दुर्मति ! होगा तेरा उद्धार त्वरित।
बहने लग जायेगी निर्मल होकर जीवन की पुण्य सरित।।"

५८
राजा ने मन से श्रवण किया, सुनकर चिन्तन औ मनन किया।
खुल गये आत्म-लोचन उसके, अबिलम्ब आत्म-अध्ययन किया ।।

५९
सुन, भ्रान्ति - जाल को काट दिया, भगवद् गीता पाठ किया।
कर सोलहवां अध्याय पाठ, निज सुत को राज विराट दिया।।

६०
दे राज-पाट सुत को सहास, करने को तप-आरण्य वास।
षोडश अध्याय पाठ कर, पाई नृप ने गति, बैकुण्ठ-वास।।

६१
षोडश अध्याय बताता है, क्या दैवी गुण कहलाता है?
प्रभु-अनुभव-हित क्या गुण इच्छित, अभ्यास-हेतु समझाता है।।

६२
कैसी होती है दुष्प्रवृत्ति? क्या होती पैशाचिक प्रवृत्ति?
कैसे अभ्यास - साधना से, मिल सकती दुर्गुण से निवृत्ति।।

६३
दैवी गुण संपद कोष अमर, कैसे पा सकता योगी वर?
दैवी विभूतियों का वर्णन, शुभ और अशुभ का क्या अन्तर?

समाप्त

सत्रह

तपस्वी हाथी

(भगवद् गीता माहात्म्य सप्तदश अध्याय से सम्बन्धित महाकवि आदेश का खण्ड-काव्य)

"तपस्वी हाथी" नामक इस लघु खण्ड काव्य का कथानक श्रीमद् भगवद् गीता के सत्रहवें अध्याय से सम्बन्धित है। इस काव्य में श्री नारायण द्वारा लक्ष्मी जी को सुनाई गई मंडलीक देश के राजा दुशासन तथा उसके समीपवर्ती देश के मित्र राजा की कथा का वर्णन किया गया है। कथा इस प्रकार है: मंडलीक नामक देश के राजा दुशासन ने अपने समीपवर्ती देश के मित्र राजा के साथ हाथी दौड़ प्रतियोगिता में अपने - अपने हाथियों को दौड़ाया। तय किया गया कि विजय प्राप्त करने वाले को एक निश्चित धन राशि मिलेगी। दैवयोग से दुशासन का हाथी हार गया और कुछ दिन में ही मर गया। इससे दुशासन चितिंत रहने लगा। एक तो उसे पहले से ही पराजय की लज्जा सता रही थी। अब उसका प्यारा हाथी भी मर गया तो उसे उसका मोह सताने लगा। इस प्रकार वह मन ही मन में घुलते-घुलते एक दिन परलोक सिधार गया। जब उसे यम के दूत पकड़ कर यमराज के सामने लाये तो यम के दूतों ने उसके जीवन भर की घटनाओं का वर्णन किया। मरते समय आदमी का मन जिसमें लगा होता है, उसे आगे वही जन्म मिलता है। यमराज ने कहा -

''मरते समय इसका मन हाथी में पड़ा था। इसलिए इसे हाथी का जन्म ही मिलना चाहिये। किन्तु इसकी पिछली स्मृति बनी रहनी चाहिये। इस प्रकार राजा दुशासन अगले जन्म में हाथी बनकर संकलद्वीप में जन्मा। वह सर्वदा प्रायश्चित और पश्चाताप की आग में जलता रहता था और आंसू बहाता रहता था वह न कभी मन से खाता-पीता था और न सोता ही था। उसकी यह हालत देखकर संकलद्वीप के राजा को चिंता रहने लगी। राजा ने हर संभव प्रयत्न किया कि हाथी ठीक हो जाये परन्तु सारे ही प्रयत्न निष्फल हुए। एक दिन उस राजा की सभा में एक संत कवि आया। उसने अपने स्वरचित सुन्दर श्लोकों से राजा का मन मोहित कर लिया। राजा ने प्रसन्न होकर कहा- हे कवि ! तुम्हें जो भी इच्छा हो, मांग लो। ''संत कवि ने कहा- मेरे पास सब कुछ है केवल एक हाथी नहीं है। ''राजा ने कहा- मेरे पास हाथी तो है, मगर वह सदा उदास रहता है। यदि रुचिकर हो तो ले जाओ।'' हाथी अत्यन्त हृष्ट-पुष्ट और सुन्दर था, जिसे देखकर संत कवि का मन मोहित हो गया। वह उसे अपने घर ले गया। सायं काल को जब उसे खाना दिया गया तो हाथी ने बिलकुल कुछ नहीं खाया। उस ब्राह्मण ने हाथी का रातब (खाना) बदल-बदल कर उसके सामने रखा परन्तु हाथी ने कुछ भी नहीं खाया। तब ब्राह्मण ने महावत को बुलाया और जानने का प्रयत्न किया कि हाथी को क्या दुःख है? महावत ने बताया कि इसे कोई मानसिक दुःख है। ब्राह्मण ने तुरन्त राजा के पास संदेश भिजवाया। संदेश पाते ही राजा तुरन्त हाथी को देखने चला आया। जब सब लोग प्रयत्न करके थक गये तो राजा ने स्वयं हाथी से पूछा कि तुम्हें क्या दुःख है? हाथी बोला- हे राजन ! तुम और ब्राह्मण भी बहुत धर्मात्मा है। तुम दोनों का अन्न जो भी

खायेगा, वही धर्मात्मा बन जायेगा। लेकिन मैं अपने को इस योग्य नहीं समझता।'' ब्राह्मण ने कहा - ''हे राजन ! तुम अपना हाथी वापस ले लो। राजा ने विनती की - हे ब्राह्मण ऐसा मत कहो। मैं दिया हुआ दान कभी वापस नहीं ले सकता। यह हाथी चाहे मरे या जिये किन्तु मैं अपयश नहीं लूंगा। तुम चाहो तो कुछ और भी मांग सकते हो। मैं वह भी दूंगा। उन दोनों की बातें सुनकर हाथी बोला - ''हे ब्राह्मण और राजन् ! तुम दोनों मत घबराओ। हे संत अगर तुम मेरी एक विनती पूरी कर दो। राजा को दोष मत दो। अगर तुम्हारे पास गीता है तो तुम उसका सत्रहवां अध्याय सस्वर पढ़कर सुनाओ। जिससे मेरा दुःख मिट जायेगा और मैं गज-योनि से मुक्ति पा जाऊंगा। हाथी ने उसे बताया कि मैं साधारण जीव नहीं हूँ। मैं अपने पिछले पापों का प्रायश्चित कर रहा हूँ। इसलिए मौन रहकर आंसू बहाता हूँ और व्रत रखता हूँ। यदि तुम सत्रहवां अध्याय मुझे पढ़कर सुना दोगे तो मेरा कल्याण हो जायेगा। यह सुनकर ब्राह्मण और राजा दोनों के मन में करुणा जागी। संत ने उसे विधिपूर्वक भगवद् गीता का सत्रहवां अध्याय सस्वर पढ़कर सुनाया। जिसे सुनते ही उसकी हाथी की योनि छूट गई और वह देव-देह पा गया। स्वर्ग से विमान आया। वह अपनी विगत कथा कहकर और धन्यवाद देकर विमान पर चढ़कर बैकुण्ठ लोक को चला गया। इस ओर राजा को भी गीता का सत्रहवां अध्याय सुनकर आत्म बोध हो गया। वह भी नित्य नियम से गीता पढ़ने लगा और अंत में अपने जीवन की अवधि पूर्ण करके सुखपूर्वक स्वर्ग सिधार गया।

रचना काल : २८ दिसम्बर, १९६७ ई० ; संयुक्त राज्य अमेरिका,फ्लोरिडा, ओकोई नगर ।

तपस्वी हाथी

१
हरि बोले - कथा सुनाता हूँ, एक निहित तथ्य समझाता हूँ।
गीता के सत्रहवें अध्याय-पाठ का भेद बताता हूँ।।

२
था मंडलीक सुन्दर प्रदेश, शासक था दुःशासन नरेश।
अपने निकटस्थ देश के नृप का सत्य मित्र, रखता न द्वेष।।

३
एक दिन दोनों ने मनभाये, अपने हाथी थे लड़वाये।
विजयी पायेगा निश्चित धन, कुछ शर्त-नियम थे रखवाये।।

४
हो जुआ जहां, भय होता है, सहृदय भी निर्दय होता है।
धन-धान्य और सम्बन्धों का, सर्वदा वहां क्षय होता है।।

५
गज मित्र पड़ोसी का जीता, मन हुआ दुशासन का रीता।
कुछ दिंन पश्चात् दुशासन के हाथी का भी जीवन बीता।।

६
हो गया दुशासन अति चिंतित, नित रहने लगा उदास व्यथित।
जीवन नीरस हो चला, न लगता किसी ठौर भी उसका चित।।

७

चिंता तन - मन को खाती है, प्रलयंकर मानी जाती है।
है चिता जलाती शव को, चिंता जीवित जीव जलाती है।।

८

है चिता जलाती केवल तन, चिंता मन का भी करे दहन।
है चिता कुछ क्षणों की ज्वाला, पर चिंता में घुलता तन-मन।।

६

जग में उसका उपहास हुआ, अधरों से विदा सुहास हुआ।
हर व्यक्ति हँस रहा था उस पर, हर ओर मात्र परिहास हुआ।।

१०

हाथी था उसका हितकारी, जिसके मरने का दुःख भारी।
चिंता-विषाद, धन-हानि ग्लानि, वह झेल न पाया स्थिति सारी।।

११

मन ही मन घुलता जाता था, हाथी का मोह सताता था।
दुःख मान-हानि औ लोक-लाज वह सहन नहीं कर पाता था।।

१२

वह मन से पूरा हार गया, दुःख भीतर - भीतर मार गया।
हो गये प्राण-तन-मन जर्जर, एक दिन यम-लोक सिधार गया।।

१३

लेने यमदूत उसे आये, यम के सम्मुख उसको लाये।
जीवन भर के वृत्तान्त सकल, जब धर्मराज को बतलाये।।

१४

हर पापात्मा, पुण्यात्मा को, हर दोषी या धर्मात्मा को।
मरते क्षण जिसमें लगा चित्त, मिलती वह योनि आत्मा को।

१५
बोले यम - बात है साधारण, है महामोह मृत्यु का कारण।
हाथी में प्राण पड़े इसके, जब तन तजने का आया क्षण ।।

१६
हो व्यथा शान्त सब छाती की, दो योनि इसे तुम हाथी की।
गत स्मृतियाँ बनी रहें इसको, हाथी, सम्पति औ साथी की।।''

१७
फिर वही दुशासन गज बनकर, जन्मा था संकल में जाकर।
प्रायश्चित, पश्चाताप सदा, करता था निश-दिन रो - रोकर।।

१८
पल-पल में अधीर होता था, पिछली स्मृति कर-कर रोता था।
खाता-पीता न कभी मन से, जगता था, कभी न सोता था।।

१६
जिस नृप को उसने किया मुग्ध, चिंता ने उसको किया दग्ध।
हर संभव उपाय किया कि हाथी रहे न रोगी औ विदग्ध।।

२०
घोषित कर कितने पुरस्कार, धन - संपति औ प्रेमोपहार।
कर देगा मालामाल उसे, जो हरे हस्ति का हर विकार।।

२१
कितनों ने भाग्य आजमाया, वह हाथी ठीक न हो पाया।
हर कुशल महावत-वैद्य थका, पर, नहीं निदान खोज पाया।।

२२
एक दिन सहसा ऐसा आया, एक संत सभा में था आया।
स्वरचित सुन्दर से श्लोक सुना, राजा के चित को बहलाया।।

२३

राजा बोला–'हे –"महात्मन् ! मांगो मनवांछित तुम अपना।
संकोच करो मत निज उर में, मैं पूर्ण करूंगा हर सपना।।"

२४

कवि ने सादर मत प्रकट किया, "सब कुछ ही प्रभु ने मुझे दिया।
बस एक हस्ति का है अभाव, उसका ही सुयोग नहीं दिया।।"

२५

नृप बोले – "गज तो रहता है, पर सदा अनमना रहता है।
यदि रुचिकर हो तो ले जाओ, वह यहां बँधा ही रहता है।।"

२६

गज देखा, स्वस्थ सुघर पाया, उस ब्राह्मण के मन को भाया।
हो मुदित महावत के समेत, वह गज को अपने घर लाया।।

२७

संध्या को खाना खिलवाया, पर गज ने उसे नहीं खाया।
ब्राह्मण ने बदल–बदल रातब, हाथी के सम्मुख रखवाया।।

२८

हाथी ने बात नहीं मानी, खाया न पिया दाना–पानी।
बस रुदन निरन्तर करता था, ब्राह्मण को होती हैरानी।।

२९

पूंछा, कि महावत क्या दुःख है? क्यों म्लान हुआ इसका मुख है ?
खाता–पीता–सोता भी न यह, क्यों रचा प्रलय का आमुख है।।

३०

तब कहा महावत ने सादर, "मैं समझ न पाया ब्राह्मण वर!
है इसे मानसिक दुःख कोई, लगता न इसे कोई हितकर।।"

३१
ब्राह्मण की समझ नहीं आया, नृप के ढिंग सँदेश भिजवाया।
हाथी को तुरत देखने को, राजा भी स्वयं चला आया।।

३२
जागी न हस्ति उर में उमंग, बदला न हस्ति का रंग-ढंग।
कुछ सोच-समझ पाया न संत, नृप की मति भी रह गई दंग।।

३३
अन्ततः नृपति बोले-"गजेश ! बोलो क्या व्यापक हृदय क्लेश?
हर संभव यत्न करेंगे हम, निज आधि-व्याधि दो बता लेश।।"

३४
गज बोला - "तू पुण्यात्मा है, राजन ! तू अति धर्मात्मा है।
यह ब्राह्मण भी है बुद्धिमान, धर्मज्ञ, सुशील महात्मा है।।

३५
जो अन्न इस द्वयी का खाये, पल में धर्मात्मा बन जाये।
पर मैं इस योग्य नहीं राज ! जो अवसर मुझको मिल पाये।।"

३६
बोला वह संत- "सुनो राजन् ! होगा न व्यथित बिलकुल भी मन।
स्वीकार नहीं यह भेट मुझे, हूँ लौटा रहा तुम्हें श्रीमन्।।

३७
होगा अपयश न खेल खेलो, अपना हाथी वापस ले लो।
ऐसा न अपेक्षित पुरस्कार, तुम बिना दिये ही यश ले लो।।"

३८
नृप बोला - "मन न टटोलो तुम, ऐसी भाषा मत बोलो तुम।
मेरे मन में भर कर विषाद, जीवन में गरल न घोलो तुम।।

३९
ऐसा न कदापि सोच सकता, जो दिया न वापस ले सकता।
यह हाथी जिए–मरे जो कुछ हो, अपयश किन्तु न ले सकता।।

४०
कुछ और मांग लो वह दूंगा, हर इच्छा पूरी कर दूंगा।
जो दे दी वस्तु तुम्हें मैंने, वह वापस कभी नहीं लूंगा।।"

४१
गज बोला–यूँ भय खाओ न तुम, हे विप्र ! नहीं घबराओ तुम।
हे राजन ! तुम भी दुखी न हो, उर में विषाद मत लाओ तुम।।

४२
हे संत ! विनय सुन सको जो तुम, यदि उसको पूर्ण कर सको तुम।
होगा न रंच भी व्यय उसमें, उपकृत यदि मुझे कर सको तुम।।

४३
नृप को ठहराओ मत दोषी, बातें न करो ऐसी थोथी।
हो अगर तुम्हारे पास विप्र !, भगवद् गीता जी की पोथी।।

४४
सत्रहवां सर्ग पढ़ाओ तुम, मुझको अब सस्वर सुनाओ तुम।
सुनकर मेरा दुःख मिट जाये, गज योनि से मुक्त कराओ तुम।।

४५
मैं जीव नहीं उत्पाती हूँ, माया - अप्रभावित साथी हूँ।
भव - भुक्ति न मुझे सुहाती है, मैं एक तपस्वी हाथी हूँ।।

४६
मैं दण्ड कुकर्मों का सहता, आंसू से प्रायश्चित करता।
रखता हूँ सदा मौन व्रत मैं, मैं ध्यान–लीन प्रभु में रहता।।

४७

गत पापों से छूट जाऊंगा। मैं देव योनि पा जाऊंगा।
सुन सत्रहवां अध्याय विप्र ! हर मनवांछित पा जाऊंगा।।"

४८

गज ने इच्छा मुखरित कर दी, ब्राह्मण औ भूपति से कह दी।
सुन सब में करुणा जागी, ब्राह्मण ने इच्छा पूरी कर दी।।

४९

पावनतम व्यास - प्रणीता का, कृष्णोपदेश सुपुनीता का।।
विधिपूर्वक सत्रहवां अध्याय सुनाया भगवद् गीता का।।

५०

मन से चिर मोह - रज्जु टूटी, माया की चमक पड़ी झूठी।
मिल गई देव-देही उसको, सुनते ही हस्ति देह छूटी।।

५१

भर-भर आये फिर अमल नयन, ब्राह्मण को पुनि-पुनि किया नमन।
दे धन्यवाद नृप को कोटिक, कहने चाहे कुछ स्वस्ति वचन।।

५२

तज कर वह हाथी का चोला, चढ़ विमान पर, सविनय बोला।
अपने गज-योनि-आचरण औ गत जीवन का रहस्य खोला।।

५३

खोला रहस्य गत जीवन का, बोला - "है मोह रोग मन का।
है यही सबल दुःख का कारण, है मूल जन्म-जन्मान्तर का।।

५४

मरते क्षण जिसमें मोह रहे, अथवा कोई भी छोह रहे।
पाता है वही योनि प्राणी, जिसमें अंतिम व्यामोह रहे।।

५५
जिसमें आसक्ति रखे प्राणी, चाहे कितना भी हो ज्ञानी।
पाता है जन्म उसी कुल में, या समीप लौटे अज्ञानी।।

५६
प्रभु नाम जाप मंगलकर है, प्रभु - ध्यान मात्र श्रेयस्कर है।
अन्तिम क्षण में अतएव, सदा हर मोह त्यागना हितकर है।।

५७
तुम जैसे अति परमार्थी की, तुम जैसे अति निःस्वार्थी की।
हो गई कृपा तुम दोनों की, छुट गया योनि से हाथी की।।

५८
सुमिरन करता बस ईश-नाम, करके सब पितरों को प्रणाम।
वाणी सुन भगवद् गीता की, जाता हूँ अब बैकुण्ठ धाम।।

५९
तज कर सारे जग के विवाद, दे धन्यवाद, आशीर्वाद।
हो विमल चित्त औ अनासक्त, बैकुण्ठ गया, दे शुचि साधुवाद।।

६०
सुनते ही सारा दम्भ गया, गिर अहंकार का स्तम्भ गया।
राजा को भी सुनकर गीता, हो आत्म-बोध अबिलम्ब, गया।।

६१
नृप को मिल गई दिशा निश्चित, गीता का पाठ किया नियमित।
हो गया सुफल जीवन उसका, औ स्वयं हो गया निर्मल चित।।

६२
करके कर्त्तव्य पूर्ण सारे, कर दूर हृदय से अँधियारे।
उसके जीवन में फैल गये, बस उजियारे ही उजियारे।।

६३
भोगों का उपसंहार किया, सबका ही नित उपकार किया।
कर अवधि पूर्ण निज जीवन की, वह भी हरि–लोक सिधार गया।।

६४
है सत्रहवां अध्याय अमल, बतलाता है यह सत्य अपल।
श्रद्धा - विश्वास किसे कहते, होता है क्या श्रद्धा का फल?

६५
तप - त्याग और साधना - सार, श्रद्धा के हैं कितने प्रकार?
श्रद्धा - पूजन सम्बन्ध है क्या? है किया गया विस्तृत विचार।।

६६
श्रद्धावानों का कर्म लोक, श्रद्धावानों का धर्म लोक।
क्या श्रद्धा और अश्रद्धा–युत् लोगों का होता मर्म - लोक?

समाप्त

अठारह

हैतुक भक्त

(भगवद् गीता माहात्म्य अष्टादश अध्याय से सम्बन्धित महाकवि आदेश का खण्ड-काव्य)

''हैतुक भक्ति'' नामक इस लघु खण्ड काव्य का कथानक श्रीमद् भगवद् गीता के अठारहवें अध्याय से सम्बन्धित है। इस काव्य में श्री नारायण द्वारा लक्ष्मी जी को सुनाई गई इन्द्र देवता तथा एक सच्चे हैतुक भक्त की कथा का वर्णन किया गया है। कथा इस प्रकार है: एक दिन सुमेरु पर्वत पर देवलोक की सभा जुड़ी हुई थी। इन्द्रदेव के दरबार में सुख की सरिता बह रही थी। इतने में कुछ पार्षद एक चतुर्भुज रूप भक्त को वहां ले आये और इन्द्र से कहा कि वह सिंहासन से उठ जाये। इन्द्र के पूंछने पर पार्षदों ने बतलाया कि श्री हरि के इस हैतुक भक्त को यह सिंहासन दे दिया गया है। यद्यपि इन्द्र ने इस आदेश का पालन किया किन्तु उसे बिलकुल अच्छा नहीं लगा। उसके मन में दुःख रहने लगा। एक दिन उसने देवगुरु बृहस्पति से पूंछा कि आप त्रिकालदर्शी हैं। आप बताइये इसने ऐसा कौन सा पुण्य किया है, जिससे इसे इतना बड़ा फल मिला है। बृहस्पति जी ने ध्यान करके बताया कि यह हैतुक भक्त है; सच्चा भागवत है। यह यहां अकारण नहीं आया है। यह तन-मन से बड़ा भक्त है। इसने अपनी सारी

आयु भगवद् गीता को पढ़ उसके सिद्धान्तों का पालन करने में लगाई है। इस पर इन्द्र ने पूंछा - "गीता पाठी को तो भोगों की बिलकुल इच्छा नहीं होती है। यह कैसा गीता पाठी है, जिसकी आसक्ति भोगों में है?" इस पर बृहस्पति जी ने बतलाया कि यद्यपि इसके मन में भोगों की इच्छा थी; परन्तु इसके हृदय में भगवद् की अचल भक्ति भी थी । यह भगवद् गीता का अठारहवां अध्याय विधिपूर्वक नियमित रूप से बड़े मनोयोग से पढ़ता था और उसके द्वारा निर्दिष्ट सिद्धान्तों का पालन भी करता था। जब इसने देह त्याग किया तो विधाता का आदेश हुआ कि पहले इसे स्वर्ग में ले जाओ और सुरेन्द्र से इसके भोगों के लिए सारी सुख-सुविधायें जुटवाओ। फिर इसको सायुज्य मुक्ति देकर परम धाम तक ले जाओ। इस प्रकार गुरु बृहस्पति से सत्य जानकर इन्द्र ने उस भक्त का हृदय से स्वागत किया। उस भक्त ने दीर्घ काल तक स्वर्ग के सुख भोगे। अंत में उसे उनसे अनासक्ति हो गई और स्वर्ग को त्याग कर परम धाम चला गया। नारायण ने बताया कि यह गीता जी की महिमा है। जो इसे पढ़ता, सुनता, पालन करता है, वह भक्त सदा सुखी रहता है और अंत में स्वर्ग आदि के सुख भोग कर मेरे पास आ जाता है।

रचना काल : २६ दिसम्बर, १९६७ ई० ; संयुक्त राज्य अमेरिका, फ्लोरिडा, ओकोई नगर ।

हैतुक भक्त

१
लक्ष्मी से बोले नारायण, अध्याय अठारहवां पावन।
तुमको माहात्म्य बताता हूँ, प्रिय ! सुनो लगाकर अपना मन।।

२
लक्ष्मी रूपों में सुपुनीता, सर्वोत्तम है जैसे सीता।
त्यूं सभी वेद-उपनिषदों की, है सार-भूत भगवद् गीता।।

३
नदियों में ज्यूं गंगा वरेष्ठ, गउओं में कपिला गाय ज्येष्ठ।
मुनियों में नारद, गीता में है अष्टादश अध्याय श्रेष्ठ।।

४
गिरि सुमेरु पर ले दिव्य विभा, थी देवलोक में जुड़ी सभा।
आसीन इन्द्र निज आसन पर, थी फैली चहूँ दिशि दिव्य प्रभा।।

५
था वातावरण मदिर भावन, गन्धर्व वृन्द करते गायन।
किन्नर गण करते थे संगत, कर करके कुशल वाद्य-वादन।।

६
उर्वशी, मेनका, वनितायें, करती थीं नृत्य अप्सरायें।
थी सजी हुई वह इन्द्र सभा, बहतीं थी सुख की सरितायें।।

७
इतने में हरि - पार्षद आये, एक चतुर्भुज रूप साधक लाये।
बोले सुरेश से सादर वे, "वह सिंहासन से उठ जाये।।"

८
कारण न सुरेश समझ पाया, तो पार्षदों ने बतलाया।
हरि के इस हैतुक - भक्त संत ने, है यह सिंहासन पाया।।

९
यद्यपि न सुरेश्वर को भाया, मुख पर न रंच भी दर्शाया।
उठ स्वयं स्वर्ग सिंहासन पर, आदर कर उसको बैठाया।।

१०
आघात न शचिपति सह पाया, अधरों पर पर न शब्द आया।
वह सह न सका उसका गौरव, अन्तर में द्वेष भाव आया।।

११
मन ही मन में अति दुःख पाया, पीड़ा न किसी से कह पाया।
कर चिंतन, मनन, तर्क हारा, पर समझ नहीं कारण पाया।।

१२
पूंछा गुरु से त्रिकालदर्शी, "हैं आप बृहस्पति समदर्शी।
ऐसा क्या पुण्य किया इसने, मिल गई इसे मेरी कुर्सी।।

१३
इसने न दान में दिया टका, तीर्थाटन किया न व्रत ही रखा।
जप-तप-दक्षिणा-दान-पूजन कर कभी भूल प्रसाद चखा।।

१४
की नहीं तपस्या भी इसने, रह निराहार गृह या वन में।
जाड़ा - गर्मी - वर्षा न सही, झेले न कष्ट इस जीवन में।।

१५

वृक्षारोपण न अनाथालय, मन्दिर, वनिताश्रम, विद्यालय।
प्याऊ न धर्मशालायें भी, बनवाये नहीं औषधालय।।

१६

इसने न कभी दी दान मही, मन्दिर की कभी न गैल गही।
वय बीत गई इसकी यूं ही, कोई न कभी की बात सही।।

१७

इसने न कभी देखी काशी, पूजी न कदापि पूर्णमासी।
कैलाश नहीं इसने देखा, यात्रा की नहीं अयोध्या की।।

१८

सब वेद रहे इसको अपठित, उपनिषदों को न पढ़ा किंचित।
साहित्य–व्याकरण कुछ न पढ़े, हरि–दर्शन से भी रहा वंचित।।

१९

फिर भी इन्द्रासन – अधिकारी, कहलाता यती निर्विकारी।
अति आकुल–व्याकुल चिंतित हूँ, गुरुदेव ! हरो चिंता सारी।।"

२०

बोले गुरु गँभीर कारण है, "यह व्यक्ति नहीं साधारण है।
है हैतुक भक्त, भागवत है, आया न कदापि अकारण है।।

२१

है भक्त, पुण्य परिपाटी है, यह भगवद् गीता पाठी है।
इसने गीता पढ़, पालन कर, अपनी सारी वय काटी है।।"

२२

पूंछा सुरेन्द्र ने – "हे गुरुवर ! गीतापाठी है भक्त अगर।
उसको न अपेक्षित होते हैं, भौतिक आकर्षण, भोग – भँवर।।

२३
इसकी न लगन है योगों में, आसक्ति बनी है भोगों में।
आया है बड़े चाव से यह, सुख - भोग हेतु हम लोगों में।।"

२४
बोले गुरु, सत्य समझता हूँ, "लो सुनो पुरन्दर कहता हूँ।
है सत्य मात्र अनुभव मेरा, मैं नहीं भाव में बहता हूँ।।

२५
यद्यपि भोगों की लिप्सा थी, उर-व्यापक सौख्य अभीप्सा थी।
पर थी भगवद् की अचल भक्ति, जग-हेतु परन्तु अनीप्सा थी।।

२६
अध्याय अठारहवां पढ़ता, गीता में मन हर दम रमता।
विधिपूर्वक नियमित पाठ करे, फिर था उसका पालन करता।।

२७
जब त्यागी इसने देह मुदित, आदेश दिया विधि ने पुलकित।
पहले ले जाओ स्वर्ग लोक, कर पूर्ण मनोरथ हर समुचित।।

२८
इसको सुरेन्द्र ढिंग ले जाओ, भोगों के साधन जुटवाओ।
फिर दे इसको सायुज्य मुक्ति, शुचि परम धाम में पहुँचाओ।।"

२६
संदेश बृहस्पति से सुनकर, सुर-सहित शक्र ने स्वागत कर।
भोगों की समुचित सामग्री, एकत्रित करदी मँगवाकर।।

३०
जब भोग स्वर्ग तृष्णा भागी, अन्तर में अनासक्ति जागी।
तज स्वर्ग गया बैकुण्ठ धाम, भगवद् से भक्ति-मुक्ति मांगी।।

३१
हरि बोले – "मिले न उपमा है, यह गीता जी की महिमा है।
पढ़ता, सुनता, पालन करता, जो समझे इसकी गरिमा है।।

३२
वह भक्त सदा सुख पाता है, भव – दोषों से छुट जाता है।
स्वर्गादि भोग, सायुज्य मुक्ति, पा, मेरे ढिंग आ जाता है।।

३३
लक्ष्मी ! कलि में गंगा पावन, गीता औ गायत्री पावन।
तीनों की महिमा सम, अपार, करतीं सबका जीवन पावन।।

३४
क्या जन्म–मृत्यु का खाता है? क्यों प्राणी आता–जाता है?
अध्याय अठारहवां कहता, क्या परम मोक्ष कहलाता है ?

३५
कैसे निर्मल हो हृदय भ्रान्त? कैसे होवे स्थिर चित अशान्त?
कैसे भव – बन्धन छूट सकें? कैसे हो कर्म विपाक शान्त?

३६
तजना पड़ता है सकल भोग, तन – मन दोनों होते निरोग।
हैं दोनों पथ उपयुक्त सदा, हो कर्मयोग या ज्ञान योग।।

३७
आत्मा का अजर अमर स्वरूप, नित्य कर्मों का सन्यास रूप।
कर त्याग स्पृहा सब धर्मों से, बनता प्राणी अध्यात्म – भूप।।

३८
पूरी निष्ठा से अर्चित कर, श्रद्धा – विवेक से चर्चित कर।
बन कर निःस्पृह निश्छल अकाम, सब कर्मों को प्रभु–अर्पित कर।।

३९

हो जाता अन्तर्लोक विमल, कर्मों से मिलती मुक्ति अपल।
सब कर्म समर्पित जब प्रभु को, भोगे न जीव कर्मों का फल।।

४०

जग परिवर्तित होता क्षण-क्षण, बस कर्म जन्म का है कारण।
मत डरो मृत्यु से कभी वृथा, जीवन-सरि के तट जन्म-मरण।।

४१

प्रभु-चरणों में निज अहम् चढ़ा, रीता कर लो निज कर्म-घड़ा।
हो आवागमन समाप्त स्वयं, भगवद् गीता का मर्म बड़ा।।

समाप्त

परिशिष्ट

१

श्री पार्वती से यूं हूँसकर, बोले प्रसन्न हो शिव शंकर।
भगवद् गीता का करूं ध्यान, चौबीस घड़ी श्रद्धा से भर।।

२

मैं भूतेश्वर कहलाता हूँ, मैं प्रलयंकर कहलाता हूँ।
मैं करता हूँ संहार, प्रलय, पर शिव शंकर कहलाता हूँ।।

३

दुष्कर्मों का प्रतिकार न हो, हर प्राणी का उपकार न हो।
हो सृजन बताओ किस प्रकार, हे भामिनि ! यदि संहार नहो।।

४

उपकार और अपकार साथ, है रोष और प्रिय प्यार साथ।
दोनों अन्योन्याश्रित जग में, है सृजन और संहार साथ।।

५

हों भले कर्म लगते अशुद्ध, पर कर्त्ता होता सदा शुद्ध।
जो आत्म-रूप से हो अभिज्ञ, वह सदा शुद्ध, कहते प्रबुद्ध।।

६

सर्वत्र अनादृत अवांछित, जिनसे होता जग भयान्वित।
सर्पादि, भूत, गण औ विकार, रहते हैं मेरे ही आश्रित।।

७

तुम भ्रमित लोक मन का न करो, हे देवी ! आशंका न करो।
मेरे रहस्यमय चरित्र पर, अतएव रंच शंका न करो।।

८

मैं सबका आश्रयदाता हूँ, सबका ही मोक्ष-प्रदाता हूँ।
हे पार्वती ! देवाधिदेव मैं महादेव कहलाता हूँ।।

९

जीवों को सदा तारती है, पापी मन को सुधारती है।
भगवद् गीता की ज्ञान - सरित, भव पार सदा उतारती है।।

१०

जो गीता - ज्ञान समझता है, कर्मों में नहीं उलझता है।
वह सुख से रहता जीवन भर, उसका पथ स्वयं सुलझता है।।

११

गृह - त्याग नहीं है आवश्यक, तन - त्याग नहीं है आवश्यक।
कर्मों का त्याग करो तो प्रिय ! जग - त्याग नहीं है आवश्यक।।

१२

निज कर्त्तव्यों का पालन कर, धर्मानुसार वय - यापन कर।
जीते जी मुक्ति प्राप्त होती, जिसका अनुशासन हो मन पर।।

समाप्त

इति शुभम्